キャラ絵で学ぶ！

仏教図鑑《ぶっきょうずかん》

山折哲雄《やまおりてつお》・監修《かんしゅう》
いとうみつる・絵
小松事務所・文

すばる舎

はじめに

仏教《ぶっきょう》は、メチャおもしろい！

世界《せかい》にはいろいろな宗教《しゅうきょう》があるのを知っているね。
仏教《ぶっきょう》、キリスト教、イスラム教、ヒンドゥー教、神《しん》道《とう》などが有名です。

そもそも宗教とは、私《わたし》たち人間がやすらかに生きていくための心のよりどころです。世界中《せかいじゅう》のどんな民族《みんぞく》も、何かの宗教をよりどころとしています。

日本人にいちばんなじみが深《ふか》いのが「仏教」です。
この本は、仏教を楽しいイラストでわかりやすく説明《せつめい》した「仏教図鑑《ずかん》」です。

仏教は、いまから約《やく》2500年前のインドで、お釈迦《しゃか》さまが説《と》いた教えです。

それは、「みんなが幸《しあわ》せに生きるための教え」です。

お釈迦さまは、人間はなぜ悩《なや》んだり苦《くる》しんだりするのか、その苦悩《くのう》から解放《かいほう》されて幸せに生きるにはどうすればよいか、その方法《ほうほう》を教えてくれました。それが仏教です。

仏教といえば、お葬式《そうしき》やお墓参《はかまい》りを思い出し、死《し》んだ人のためにあるものと思う人も多いかもしれません。

しかし、それはまちがいです。いまこうして生きている私たちが幸せになるための教えなのです。

お釈迦さまが亡《な》くなったあと、仏教は、インド全体《ぜんたい》にひろまり、さらにアジア全域《ぜんいき》へと伝《つた》えられていきました。

日本へは、中国から朝鮮半島《ちょうせんはんとう》をへて6世紀《せいき》に伝えられました。

日本では、聖徳太子《しょうとくたいし》が仏教をよりどころとして「十七条憲法《じゅうしちじょうけんぽう》」をつくり、国を1つにまとめたのです。

いまも仏教の教えは、私たちの日常《にちじょう》生活のなかにとけこんでいます。

たとえば、「ありがとう」や「ないしょ」などふつうに使っている多くの言葉《ことば》が、仏教の教えに深くかかわっています。

また、仏教は、美術《びじゅつ》、文学、音楽、建築《けんちく》、庭園、食生活など、日本の伝統《でんとう》文化にさまざまな影響《えいきょう》をあたえました。

そして、この本のなかで、キミたちがいちばんワクワクするのは「仏像《ぶつぞう》＝仏《ほとけ》さま」だと思います。

お寺には、たくさんの仏さまがいます。よく見ると顔や姿《すがた》、持《も》ち物《もの》もさまざまです。じつは、仏さまにはそれぞれの役割《やくわり》があるんです。それを知るだけで、初《はつ》詣《もうで》やお盆《ぼん》にお参《まい》りしたり、旅行《りょこう》でお寺をたずねるのが楽しくなります。

この本を読んで、仏教が私たち日本人にとってとても身近《みぢか》なものであることを知ってください。そして、わかったことを友だちや家族《かぞく》に話してあげてください。

きっと、ちょっぴり幸せな気持《きも》ちになれるはずです。

山折哲雄《やまおりてつお》

キャラ絵で学ぶ！仏教図鑑《ぶっきょうずかん》 もくじ

第1章 お釈迦《しゃか》さまはどんな人？

第2章

仏教《ぶっきょう》は幸《しあわ》せに生きるための教え

第3章

仏《ほとけ》さまはスーパーヒーロー

第4章

インド・中国・日本のお坊《ぼう》さん列伝《れつでん》

第5章

お寺に行ってみよう

第6章

なんと、これも仏教語《ぶっきょうご》

友だちに教えたくなる仏教豆知識《ぶっきょうまめちしき》

第1章

お釈迦《しゃか》さまはどんな人？

1 お釈迦さまはインドの王子だった！

仏教《ぶっきょう》の開祖《かいそ》・お釈迦《しゃか》さまは、インド北部（ネパールとの国境《こっきょう》あたり）を治《おさ》める釈迦族《ぞく》の王子《おうじ》として生まれました。父は浄飯王《じょうぼんのう》、母は摩耶夫人《まやふじん》といいます。

伝説《でんせつ》として語りつがれているお釈迦さま誕生《たんじょう》の様子《ようす》をお話ししましょう。

王子は、身《み》ごもった摩耶夫人が出産《しゅっさん》のために里帰《さとがえ》りするとちゅう、ルンビニーの花園《はなぞの》で体を休めているときに生まれました。

摩耶夫人は、アショーカ樹《じゅ》のきれいな花に右手をふれたとき、急に産気《さんけ》づき、夫人の右わきから王子が誕生しました。

王子はすぐに立ち上がって7歩あゆみ、右手を上に、左手を下に向けて、「天上天下唯我独尊《てんじょうてんげゆいがどくそん》（私《わたし》は天にも地にもただひとり尊《とうと》い）」と言いました。これは「一人ひとりの人間が尊い存在《そんざい》である」という意味です。

そのとき天に9頭の竜《りゅう》があらわれて、王子の頭にきよらかな水をふりそそぎ、さわやかな風がふきわたったといわれています。

ところが母の摩耶夫人はお釈迦さまを産《う》んで7日後に亡《な》くなり、夫人の妹・摩《ま》訶波闍波提《かはじゃはだい》が王妃《おうひ》となってお釈迦さまを育てました。

お釈迦さまの誕生日は、いまから約《やく》2500年前の4月8日です。

いまもお寺では、この日を「花まつり」とよんで、お釈迦さまの誕生日をお祝《いわ》いしています。

お釈迦さまの誕生

お釈迦さまの本当の名前は？

お釈迦《しゃか》さまの「釈迦」は、じつは一族《いちぞく》の名前であり、本名《ほんみょう》ではありません。古代インドの言葉《ことば》で「ゴータマ・シッダールタ」。これがお釈迦さまの本当の名前です。ゴータマが名字《みょうじ》で「最上《さいじょう》の牛《うし》を持つ者」を意味し、一族の王をあらわしています。シッダールタが名前で「目的《もくてき》を達成《たっせい》した人」という意味があります。

「釈尊《しゃくそん》」や「ブッダ」ともよばれます。釈尊は釈迦牟尼世尊《しゃかむにせそん》の略《りゃく》で「釈迦族の聖者《せいじゃ》」「釈迦族の最《もっと》も尊《とうと》い人」という意味です。ブッダは仏陀《ぶっだ》、「仏《ほとけ》さま」のこと。ブッダというとお釈迦さまだけと思われていますが、人々《ひとびと》を幸《しあわ》せにする人はみんな仏さまです。

ゴータマ・シッダールタ

釈迦《しゃか》

釈尊《しゃくそん》
(釈迦牟尼世尊《しゃかむにせそん》)

ブッダ(仏陀《ぶっだ》)
=仏さま

ぜーんぶ
お釈迦さまの
ことだよ！

2 お釈迦《しゃか》さまはどんな子どもだったの？

お釈迦《しゃか》さまは、父の期待《きたい》を一身《いっしん》に集め、2つのお城《しろ》と、ぜいたくな衣裳《いしょう》、世話《せわ》係《がかり》、教師《きょうし》などをあたえられました。そうしてわずか7歳《さい》で、数学、天文学《てんもんがく》、占星《せんせい》術《じゅつ》などあらゆる学問を学ぶほどかしこく、王子《おうじ》としてすこやかに育ちました。

ところが12歳の春、お釈迦さまの人生を変えるできごとが起《お》こりました。

農作物《のうさくもつ》の豊作《ほうさく》をいのるお祭《まつ》りに参加《さんか》したときのことです。たまたま土のなかから小さな虫が出てきました。するとどこからか小鳥がやってきて、その虫を食べてしまいました。そして、こんどは大きな鳥がやってきて、その小鳥を食べてしまったのです。

弱肉強食《じゃくにくきょうしょく》は自然《しぜん》のこととはいえ、またたくまに次々《つぎつぎ》と命が失《うしな》われる様子《ようす》を見たお釈迦さまは、「この世《よ》に生きることに、いったいどのような意味があるのか」と悲《かな》しい気持《きも》ちになりました。

それからお釈迦さまは元気《げんき》がなくなり、大きな木の下にすわって、もの思いにふける日々《ひび》をおくっていました。幸せに生きられる方法《ほうほう》はないかと思い悩《なや》んでいたのです。

それを見ていた父の浄飯王《じょうぼんのう》は、大切なあと取り息子《むすこ》に出家《しゅっけ》されたら大変《たいへん》だと心《しん》配《ぱい》しました。そこで16歳になったお釈迦さまに、となりの国の王の娘《むすめ》・耶輸陀羅《やしゅだら》を花嫁《はなよめ》としてむかえました。

結婚《けっこん》して子どもが生まれたら、悩みはなくなるだろうと思ったのです。

お釈迦さまの人生を変えたできごと

●●● 出家《しゅっけ》って何？ ●●●

父の浄飯王《じょうぼんのう》は、思い悩《なや》むお釈迦《しゃか》さまが出家《しゅっけ》してしまうのではないかと心配《しんぱい》しました。

出家とは、家出《いえで》することではありません。悟《さと》りを得《え》るために家を出ることです。悟りとは、心の迷《まよ》いや悩みがなくなることをいいます。家にいては、修行《しゅぎょう》に集中できないからです。

いまは、お寺に入ってお坊《ぼう》さんとなることを出家といいます。お釈迦さまの時代には、山のなかや河原《かわら》など人里《ひとざと》はなれた静《しず》かな場所に行って修行していました。

3 お釈迦さまは何に悩んだの？

結婚《けっこん》して幸《しあわ》せな生活をおくっているお釈迦《しゃか》さまでしたが、悩《なや》みは消えず、いつもふさぎこんでいました。

心配《しんぱい》した父は、気晴《きば》らしのためにお城《しろ》の外の世界《せかい》を見てくることをすすめました。ところが皮肉《ひにく》にも、それによってお釈迦さまは出家《しゅっけ》を決意《けつい》することになってしまいます。

お城の門《もん》を出たお釈迦さまは、いままで知らなかった「老《ろう》」「病《びょう》」「死《し》」という人間共通《きょうつう》の苦悩《くのう》を目《ま》のあたりにしたのです。

東の門で見たのは、よぼよぼのおじいさんでした。いつかは自分もあのような老人《ろうじん》になることを知りました。

南の門で見たのは、やせおとろえた病《びょう》人《にん》でした。病気にならない人間はだれもいないことを知りました。

西の門では、お墓《はか》に向かうお葬式《そうしき》の行《ぎょう》列《れつ》を見ました。人間は、いつかは命をなくし、ただの骨《ほね》だけになることを知りました。

そして北の門を出たとき、迷《まよ》いのないすがすがしい顔の出家修行者《しゅっけしゅぎょうしゃ》に出会ったのです。

お釈迦さまは、この出家修行者の尊《とうと》い姿《すがた》を見て、人間共通の苦悩を解決《かいけつ》するには出家するしかないと思いました。

しかし、すぐに出家することはできませんでした。当時は、あと取りとなる子どもがいなければ出家できない決まりがあり、お釈迦さま夫妻《ふさい》は結婚して十数年たつのに子どもがいなかったからです。

お釈迦さまが出家を決意したできごと

4 お釈迦さまはどうやって出家したの？

奇跡《きせき》が起《お》きたのは、お釈迦《しゃか》さまが29歳《さい》のときでした。

あと取りがほしいお釈迦さまが、妻《つま》の耶輸陀羅《やしゅだら》のおなかをピッと指《ゆび》さすと、たちまち妻は妊娠《にんしん》したのです。こうして男の子が誕生《たんじょう》しました。

それでも父の浄飯王《じょうぼんのう》は出家《しゅっけ》をゆるしてはくれません。そこでお釈迦さまは父にこのように願《ねが》い出ました。

「父上、私《わたし》の４つの願いをかなえてくれたら、私はこの国を受けつぎましょう。できないのなら、どうか出家させてください。

一つには、私がけっして老《お》いないこと。二つには、私がけっして病気《びょうき》で苦《くる》しまないこと。三つには、私がけっして死《し》なないこと。そして最後に、私が生きていくうえでけっして不幸《ふこう》にならないこと。

いかがですか？」

それでも父はゆるしてくれるはずもありません。それどころか、お城《しろ》の門《もん》をすべて閉《と》じて、お城の外へ出られないようにしたのです。

お釈迦さまはある夜、お城からの脱《だっ》出《しゅつ》をはかりました。脱出を手伝《てつだ》ったのは梵天《ぼんてん》と帝釈天《たいしゃくてん》という古代インドの神々《かみがみ》です。梵天が城内《じょうない》の人々《ひとびと》をねむらせました。そして、帝釈天の家来《けらい》の四天王《してんのう》がお釈迦さまをお城の外へ連《つ》れ出してくれたのです。

こうしてお釈迦さまは、やっと出家することができました。

出家を助けてくれた古代インドの神々

5 お釈迦さまのきびしい修行!!

無事《ぶじ》に出家《しゅっけ》できたお釈迦《しゃか》さまは、すぐに髪《かみ》をそってお坊《ぼう》さんスタイルになりました。そして故郷《こきょう》から数百キロはなれたマガダ国の王舎城《おうしゃじょう》に向かいました。

王舎城は5つの山にかこまれており、その一つの霊鷲山《りょうじゅせん》には多くの出家《しゅっけ》修行《しゅぎょう》者《しゃ》がいたからです。

ここで2人のえらい仙人《せんにん》に坐禅《ざぜん》による瞑想法《めいそうほう》（深《ふか》く思いをめぐらす方法《ほうほう》）を習いました。お釈迦さまは、2人の仙人が瞑想によって達《たっ》した悟《さと》りにすぐに行きつきました。しかしそれではお釈迦さまの悩《なや》みは解決《かいけつ》しませんでした。

次に向かったのは、王舎城から70キロ南西のガンジス河支流《がわしりゅう》・尼連禅河《にれんぜんが》のほとりにあるセーナーニ村です。ここでは、多くの修行者が苦行《くぎょう》によって悟りを得《え》ようとしていました。

苦行というのは、「息《いき》を止めつづける」「片足《かたあし》で立ちつづける」「太陽《たいよう》を見つづける」「体を首まで土のなかにうめたままにする」「食べ物を何日も食べない」などです。

なかでもいちばん苦《くる》しいといわれるのは、食べ物を何日も食べない断食修行《だんじきしゅぎょう》です。断食は21日間が限界《げんかい》とされていましたが、お釈迦さまはその倍《ばい》の42日間もおこなったといわれています。

まわりの修行者たちはおどろき、お釈迦さまをほめたたえました。そして、お釈迦さまを中心に6人の修行チームができました。

マネしちゃいけない！ お釈迦さまの苦行の数々

6 お釈迦さまはどのようにして悟りを得たの？

死《し》ぬほどの苦行《くぎょう》を何年もつづけたお釈《しゃ》迦《か》さまの体は、やせほそり、骨《ほね》と皮だけになってしまいました。それでも悟《さと》りを得《え》ることはできません。

ある日、農民《のうみん》の歌が聞こえてきました。「琵琶《びわ》の弦《げん》は、きりりと張《は》れば、ぷっつり切れる。ゆるめたら、べろんべろん」

そこでお釈迦さまは、「苦行は、苦《くる》しみにたえる力はつくかもしれないが、悟りを得るためには無意味《むいみ》ではないか」と気づきました。そして、「快楽《かいらく》ばかりでもいけない。苦行ばかりでもいけない。極端《きょくたん》にかたよりすぎず、ほどよい中道《ちゅうどう》をあゆむべきだ」と考えました。

お釈迦さまは、体をきよめるために尼連禅河《にれんぜんが》に入りますが、あやうく流されそうになります。なんとか岸《きし》にたどりついて木の下で休んでいると、村娘《むらむすめ》のスジャータが通りかかりました。娘は、弱《よわ》った体のお釈迦さまに毎日、牛乳《ぎゅうにゅう》のおかゆを食べさせてくれました。

元気をとりもどしたお釈迦さまは、静《しず》かなガヤーという町にうつり、菩提樹《ぼだいじゅ》の下で坐禅《ざぜん》を組みました。そして「悟りを得るまではけっしてこの座《ざ》を立たない」と、かたい決意《けつい》で瞑想《めいそう》をつづけました。

すると悪魔《あくま》たちがあらわれて、お釈迦さまの悟りをジャマしようとしました。お釈迦さまはそれに打《う》ち勝《か》ち、とうとう悟りを得たのです。

それは出家《しゅっけ》から6年後、お釈迦さま35歳《さい》の12月8日のことでした。

悟りをジャマする悪魔たち

7 お釈迦さまはどうやって仏教をひろめたの？

「老《ろう》」「病《びょう》」「死《し》」という宿命《しゅくめい》を背《せ》おった人間が幸《しあわ》せに生きるためにはどうしたらよいのか――。ついにその真実《しんじつ》を悟《さと》ったお釈迦《しゃか》さまですが、人々《ひとびと》に自分の悟りを語ることをためらいました。なぜなら、かんたんには理解《りかい》されないだろうと考えたからです。

梵天《ぼんてん》はそれを知り、

「お釈迦さまの悟りこそが仏《ほとけ》の真理《しんり》であり、仏教《ぶっきょう》なのです。人々にその教えをひろめてくれなければ、この世《よ》は滅亡《めつぼう》してしまいます」

と何度もお願《ねが》いしました。

お釈迦さまは梵天に背中《せなか》をおされて、仏の真理の教えを人々に語ることを決意《けつい》し、苦行《くぎょう》時代の5人の仲間《なかま》が修行している鹿野苑《ろくやおん》へ向かいました。

5人は、苦行を捨《す》てたお釈迦さまは弱《よわ》虫《むし》だと無視《むし》していましたが、その迷《まよ》いのない気高《けだか》い姿《すがた》に心を打《う》たれ、教えを本気で聞きました。そして最初《さいしょ》の弟子《でし》となりました。

次に、耶舎《やしゃ》という大商人《だいしょうにん》の息子《むすこ》も、お釈迦さまの教えをすぐに理解し、出家してお釈迦さまの弟子になりました。

また、有名な宗教者《しゅうきょうしゃ》の迦葉《かしょう》3兄弟《きょうだい》も教えを聞いてすぐにお釈迦さまの弟子になり、彼《かれ》らの弟子たち1000人もお釈迦さまの弟子になったのです。

このように、お釈迦さまが悟りを得《え》てからわずか半年で、仏教の大教団《だいきょうだん》ができました。

お釈迦さまの八大聖地

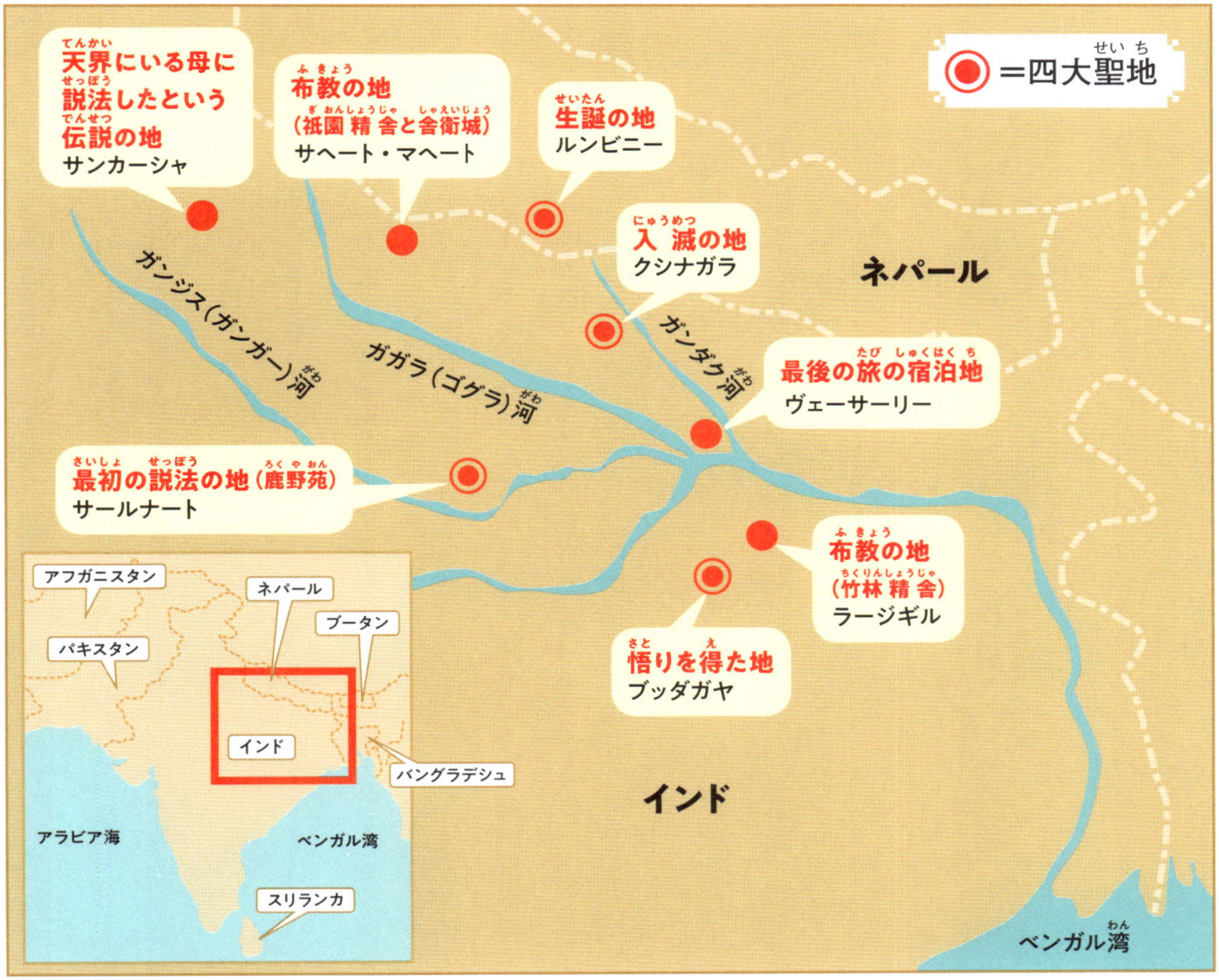

●●● 待機説法《たいきせっぽう》って何？ ●●●

仏《ほとけ》の教えを説《と》いて聞かせることを「説法《せっぽう》」といいます。

お釈迦《しゃか》さまは、「待機説法《たいきせっぽう》」という独自《どくじ》の方法《ほうほう》で、人々《ひとびと》に仏の教えを語りました。

待機説法とは、聞き手の理解力《りかいりょく》や目的《もくてき》にあわせて話し方を変えることです。だから、お釈迦さまの教えはだれにでもわかりやすく、人が人をよんで、仏教《ぶっきょう》の信者《しんじゃ》がふえていったのです。

8

お釈迦さまの入滅の様子を教えて

お釈迦《しゃか》さまは1カ所にはとどまらず、北インドを旅《たび》しながら仏教《ぶっきょう》をひろめました。そして雨季《うき》は、竹林精舎《ちくりんしょうじゃ》や祇園精舎《ぎおんしょうじゃ》という修行道場《しゅぎょうどうじょう》にとどまって説法《せっぽう》をしました。

35歳《さい》で悟《さと》りを得《え》てから80歳で亡《な》くなるまでの45年間、ずっとその生活をつづけ、多くの人々《ひとびと》に仏教を伝《つた》えたのです。

お釈迦さまは、クシナガラという町で、この世《よ》を去《さ》りました（25ページ地図）。お釈迦さまの死《し》は、仏《ほとけ》の世界《せかい》に帰ったとして「入滅《にゅうめつ》」といいます。

80歳になり、だんだん体がおとろえていたお釈迦さまは、いつもそばにいた阿難陀《あなんだ》という弟子《でし》だけを連《つ》れて故郷《こきょう》をめざし、最後の布教《ふきょう》の旅に出ました。その旅のとちゅうで自分の命がそろそろつきることを感じ、クシナガラを入滅の場所に選びました。

2本の沙羅《さら》の木の間に、頭を北に向け、体の右側《みぎがわ》を下にして横になりました。そして阿難陀から入滅が近いことを聞いて集まった多くの弟子や信者《しんじゃ》たちが見守るなかで、静《しず》かに息《いき》をひきとりました。

お釈迦さまがひきいる仏教教団《きょうだん》を中心となってささえたのは有能《ゆうのう》な10人の弟子たちでした。彼《かれ》らには、それぞれの飛《と》びぬけた能力《のうりょく》をたたえて「智恵《ちえ》第一」「神通《じんずう》第一」「説法《せっぽう》第一」などのニックネームがついています。彼らがいたから、お釈迦さまの教えはいままで伝えられてきたんだね。

お釈迦さまの入滅

●●● お釈迦さまの最後の言葉《ことば》は？ ●●●

「すべては無常《むじょう》である。みんな、なまけることなく仏教《ぶっきょう》の修行《しゅぎょう》にはげみなさい」これが、お釈迦《しゃか》さまの遺言《ゆいごん》です。

無常とは「ずっと変わらずにつづくものなどない」ということ。

つまり、「この世《よ》の中《なか》に、ずっと変わらずつづくものなど何ひとつありません。肉体《にくたい》はほろびますが、私《わたし》は仏《ほとけ》の世界《せかい》で永遠《えいえん》に生きつづけるのです。私がいなくなっても、修行を一生つづけなさい」という意味です。

友だちに教えたくなる

仏教《ぶっきょう》豆《まめ》知識《ちしき》①

お釈迦《しゃか》さまの十大弟子《じゅうだいでし》

ニックネーム	名　前	飛びぬけた能力
智恵《ちえ》第一	舎利弗《しゃりほつ》	お釈迦《しゃか》さまの説《と》く教えをいちはやく理《り》解《かい》した。
神通《じんずう》第一	目連《もくれん》	悟《さと》りを得《え》た者が持つ超能力《ちょうのうりょく》がいちばんすぐれていた。
頭陀《ずだ》第一	摩訶迦葉《まかかしょう》	頭陀行《ずだぎょう》（衣食住《いしょくじゅう》に対する欲望《よくぼう》さえもなくす修行《しゅぎょう》）を一生つづけた。
天眼《てんげん》第一	阿那律《あなりつ》	目が見えなくなったが、何でも見通せる「心の眼《め》」を持った。
解空《げくう》第一	須菩提《しゅぼだい》	お釈迦さまが説く「空《くう》」の教えをいちばん理解した。
説法《せっぽう》第一	富楼那《ふるな》	議論《ぎろん》がたくみで、布教《ふきょう》の旅《たび》で多くの人をみちびいた。
広説《こうせつ》第一	迦旃延《かせんねん》	教えをわかりやすく語ることがじょうずだった。
持律《じりつ》第一	優婆離《うばり》	集団生活《しゅうだんせいかつ》の約束《やくそく》ごとを守ることにすぐれていた。
密行《みつぎょう》第一	羅睺羅《らごら》	お釈迦さまの出家《しゅっけ》前の子ども。教えと修行をしっかりと受けついだ。
多聞《たもん》第一	阿難陀《あなんだ》	いつもお釈迦さまのそばにいて教えをいちばん多く聞いた。

第2章

仏教《ぶっきょう》は幸《しあわ》せに生きるための教え

仏教って何？

お釈迦さまが説いた幸せに生きるための教え

人間には、どうしてもさけて通ることができない苦《くる》しみがあります。

たとえば、だんだん年をとって若《わか》さが失《うしな》われていく苦しみ、病気《びょうき》の苦しみ、そして最後には死《し》んでしまう苦しみもあります。

お釈迦《しゃか》さまは、「そんな苦しみが多い世《よ》の中《なか》でも、幸《しあわ》せに生きることができますよ」と教えてくれました。

それが、仏教《ぶっきょう》です。

お釈迦さまは、「そもそも、生きることは苦しいことである」という結論《けつろん》を出しました。そして、「なぜ苦しいのか」をじっくりと考えたのです。

わかったのは、「思いどおりにしたいのに思いどおりにならないから苦しいのだ」ということでした。

キミだって、友だちが持っている新しいゲームソフトがほしくても買ってもらえなければ、友だちがうらやましくて「いいなぁ」って思うよね。そして「ほしいよぉ〜」って思いつづけて、苦しい気持《きも》ちになるね。

このように、思いどおりにしたいという心を「煩悩《ぼんのう》」といいます。

お釈迦さまは、苦しみの原因《げんいん》は煩悩であることを発見したのです。

そして、煩悩をやっつけてしまえば、幸せに生きられるのではないかと思い、その方法《ほうほう》を考えました。

仏教が教えていること

『七仏通戒偈《しちぶつつうかいげ》』というお経《きょう》の言葉《ことば》です。
お釈迦《しゃか》さまは、自分の前に6人の仏《ほとけ》たちが存在《そんざい》し、こう言ったといいます。

諸《しょ》悪《あく》莫《まく》作《さ》
衆《しゅ》善《ぜん》奉《ぶ》行《ぎょう》
自《じ》浄《じょう》其《ご》意《い》
是《ぜ》諸《しょ》仏《ぶっ》教《きょう》

［意味］

悪《わる》いことをしてはいけません。

みんなのためによいことをしなさい。

そうすれば心は自然《しぜん》にきよらかになります。

これが仏たちの教えです。

仏教《ぶっきょう》とは何かを、
漢字《かんじ》16文字《もじ》でしめしているよ

人生にはどんな「苦」がある？

苦しみを研究したら、「四苦八苦」が見えてきた！

お釈迦《しゃか》さまが問題《もんだい》にする苦《くる》しみは、全《ぜん》力《りょく》で走ったあとに息《いき》がゼーゼーいって苦しいとか、ジュースをいっぱい飲んでおなかが苦しいとかいった苦しさではありません。

お釈迦さまは、この世《よ》の現実を知ることが大切だと考えました。すると8種類《しゅるい》の苦しみがあることがわかりました。

まずはじめに、「生《しょう》」「老《ろう》」「病《びょう》」「死《し》」の四苦《しく》です。

だれでも、生まれる時代や場所を選べないこと。老《お》いること。病気《びょうき》になること。いつかは死んでしまうこと。

さらに、次の4つの苦しみがあります。

愛別離苦《あいべつりく》＝愛《あい》する人と別《わか》れる苦しみ。家《か》族《ぞく》や友だちともいつかはお別れの日がきてしまいます。

怨憎会苦《おんぞうえく》＝にくしみを感じる人と出会う苦しみ。学校にいじめっ子がいるからといって、家のなかに閉《と》じこもっているわけにもいきません。

求不得苦《ぐふとくく》＝ほしいものがどうしても手に入らない苦しみ。「新しいゲームがほしいなぁ」と思っても、かんたんに買ってもらえるわけではありません。

五蘊盛苦《ごうんじょうく》＝あきらめきれない苦しみ。おこづかいをもらっても、「もっとほしいなぁ」と思ってしまいます。

はじめの四苦とあわせて、この8つを「四苦八苦《しくはっく》」といいます。

苦の原因は「煩悩」にある！

お釈迦《しゃか》さまは、
「すべては、
原因《げんいん》があって結果《けっか》が起《お》こり、
その結果が原因となって
また別《べつ》の結果を生む」
と考えました。

「煩悩《ぼんのう》」をやっつける方法

幸せに生きることは そんなにむずかしくない！

苦《くる》しみの正体《しょうたい》がわかったお釈迦《しゃか》さまは、どうしたら苦しみがなくなるのか考えました。そして、次の8つのことが大切だと気づいたのです。

正見《しょうけん》＝ものごとをありのままに正しく見ること。

正思《しょうし》＝正しくものごとを考えること。

正語《しょうご》＝正しい言葉《ことば》づかいをすること。

正業《しょうぎょう》＝正しいおこないをすること。

正命《しょうみょう》＝正しく毎日を暮《く》らすこと。

正精進《しょうしょうじん》＝目標《もくひょう》に向かって正しく努力《どりょく》すること。

正念《しょうねん》＝正しい信念《しんねん》を持つこと。

正定《しょうじょう》＝正しく精神《せいしん》を安定させること。

かんたんにいえば「いつもきよらかな心で正しく生活しなさい」ということ。これを「八正道《はっしょうどう》」の教えといいます。

あたりまえのことですが、おとなでもなかなかできることではありません。

八正道は、最初《さいしょ》が肝心《かんじん》。ポイントは「正見」にあります。

たとえば、冷蔵庫《れいぞうこ》のいつもの場所に牛《ぎゅう》乳《にゅう》が置《お》いてなかったとします。よく見れば奥《おく》にあったのに「牛乳が飲《の》みたかったのに！」と、お母さんに文句《もんく》をいってしまいました。最初に自分がちょっと気をつければ、お母さんとけんかをしないですんだのです。

思いこみによらず、ものごとを正しく見るようにしましょう。

煩悩に負けない自分をつくろう

毒《どく》ヘビのようにしのびよる「煩悩《ぼんのう》の三毒《さんどく》」。
それに打《う》ち勝《か》つためには、心の平安《へいあん》が大切です。

むさぼり
「もっともっとほしい」
という欲望《よくぼう》の心
「あの人ばかりズルイ」
と人をにくむ心
いかり
「どうしたら
幸せになれるか」
を知らないこと
おろかさ
人々の心を毒する
煩悩の三毒

五《ご》戒《かい》 煩悩に打ち勝つための５つの心がけ

「不殺生戒《ふせっしょうかい》」生き物の命を大事にする
「不偸盗戒《ふちゅうとうかい》」人のものを盗《ぬす》まない
「不邪淫戒《ふじゃいんかい》」きよらかなつきあいをする
「不妄語戒《ふもうごかい》」ウソをつかない
「不飲酒戒《ふおんじゅかい》」お酒を飲まない

これならできるね！

吾《わ》れ唯《た》だ足《た》るを知《し》る

「私《わたし》はこれで十分《じゅうぶん》満《み》ち足《た》りています」という意味

「欲《よく》」には2種類ある

欲をなくさなくても、幸せに生きられるよ！

煩悩《ぼんのう》のワースト1は「むさぼり」。欲《よく》望《ぼう》の心だったね。

お釈迦《しゃか》さまは「欲望には2種類《しゅるい》ある」と言っています。わかるかな？

たとえばトイレに行きたいとき、行ってスッキリすれば、もうトイレに行きたいと思いません。ねむいときも、ちゃんと寝《ね》れば、朝しっかり目ざめます。

こうした欲望は、人間の体に必要《ひつよう》なものであり、必要以上にはほしくなりません。キリがあります。

おなかがすいているときも、ご飯《はん》を食べれば、おなかいっぱいになります。それでも食べるから太ってしまうんだね。やっつけなければならないのは、

「みんなで食べればおいしいね」

少《しょう》欲《よく》「自分はこれだけあれば十分《じゅうぶん》」という感謝《かんしゃ》の気持《きも》ち

「ダメダメ、みんなにはあげないよ」

貪《とん》欲《よく》「自分の分さえあればいい」という自分勝手《じぶんかって》な気持《きも》ち

自分だけの欲《よく》ではなく、
みんなのためになる
大きな欲を持とう！

「ごちそうをもっと食べたい」というような、満《み》たされても満たされても、もっとほしくなる欲望です。

たとえば、おこづかいがアップしてうれしくても、しばらくしたら、もっとほしくなるよね。

キリがない欲望を求《もと》めつづければ、満たされない苦《くる》しみがずっとつづきます。

そこでお釈迦さまが教えてくれたのは、「欲《よく》を少なくしなさい」ということ。

キミがいまほしいものは何？　最新《さいしん》のゲーム、電動《でんどう》ロボット、新しい自転車……、いっぱいあるね。

欲をゼロにしてしまっては、生きていてもつまらないよね。それは幸《しあわ》せに生きることではありません。

欲が1つ満たされたときに、「あぁ、幸せ」と感じることが大切なのです。

「空《くう》」の教えを知ろう

「空」の教えがわかれば、生きることがラクになる！

仏教《ぶっきょう》でいう「空《くう》」は、見上げる「そら」のことではありません。「空」とは、「こだわらないこと」をいいます。

それでは、キミに1つ「空」のテストをします。

いま、キミは友だちとプールで遊んでいます。ひとりは、いつもいっしょに遊ぶ親友《しんゆう》のAくん。もうひとりは、たまに遊ぶBくん。それとキミの3人がいます。

夢中《むちゅう》になって遊んでいるうちに、友だち2人がおぼれてしまいました。あたりを見まわすと、ウキワが1つあります。

さてキミは、どっちの子にウキワを投げて助けますか？

答えは、「近くにいる子にウキワを投げる」です。そして、遠くの子を助けるために人をよびにいけばいいからです。

「親友だからAくんを先に助けようか」「それよりも、そんなに親しくないBくんを先に助けたほうがいいかな」などというこだわりの心をなくすことが「空」なのです。

この「空」の教えを知っていれば、四《し》苦八苦《くはっく》もへっちゃらになります。つまり、ラクに生きられるということ。

「老《お》いるのはイヤだ」「病気《びょうき》になるのはイヤだ」「死《し》ぬのはイヤだ」というこだわりを捨《す》てて生きられるからです。

「空」の教えは、『般若心経《はんにゃしんぎょう》』に書かれています。

「空」の教え――こだわるな

いまキミはここに存在《そんざい》しています。

でも、昨日のキミと今日のキミはちがうし、これからもどんどん成長《せいちょう》して変わっていきます。

「世《よ》の中《なか》に変化《へんか》しないものはないのだから、こだわるな」というのが「空《くう》」の教えだよ。

「空《くう》」＝目に見えないキミ

色《しき》即《そく》是《ぜ》空《くう》

［意味］色《しき》とは即《すなわ》ち空《くう》なり

是《ぜ》諸《しょ》法《ほう》空《くう》相《そう》

［意味］すべては「空《くう》」なり

空《くう》即《そく》是《ぜ》色《しき》

［意味］空《くう》とは即《すなわ》ち色《しき》なり

「色《しき》」＝目に見えるキミ

キミという存在《そんざい》は、目に見える姿形《すがたかたち》だけかな。心の内側《うちがわ》も全部《ぜんぶ》ひっくるめてキミだよね。さらには、ご先祖《せんぞ》さまとのつながり、友だちや先生とのご縁《えん》など、目に見えないものによってできているよ。

いつもからかわれてイヤだなぁと思っている子でも、キミから「やぁ！」と声をかけたら仲《なか》よくなれるかもしれないよ。

死んだらどこへ行くの？

この世でのおこないをさばかれて行きつく６つの世界!?

死《し》んだら、どこへ行くのかな？

お釈迦《しゃか》さまは「死後《しご》の世界《せかい》」について、「だれも行ったことがないのだから、わかるわけがないじゃないか。だから、死後の世界のことなんて考えず、死ぬまで幸《しあわ》せに生きよう」

と、キッパリいいました。

それでも死ぬのはこわいよね。不安《ふあん》でいっぱいになって幸せに生きられない人もいます。死後の世界をあらかじめ知っておいたら、心の準備《じゅんび》ができますね。

そこで仏教《ぶっきょう》の長い歴史《れきし》のなかでは、死後の世界がどうなっているかも語られるようになりました。

お釈迦さまの教えを守って生きた人は、仏《ほとけ》さまがむかえにきて「浄土《じょうど》」というところに生まれ変われるといいます。そして、いつまでも安楽《あんらく》に暮《く》らせます。

それ以外《いがい》の人は、「六道輪廻《ろくどうりんね》」といって、６つの迷《まよ》いの世界で生死をくり返《かえ》すのです。死んだら三途《さんず》の川をわたり、血の池、針《はり》の山を通って49日間の「冥土《めいど》の旅《たび》」をします。そのとちゅうで、生前どんなおこないをしたか取《と》り調《しら》べを受けるのです。ポイントになるのは、35ページで紹介《しょうかい》した「五戒《ごかい》」を守って生きたかどうか。ウソをつくと閻魔大《えんまだい》王《おう》に舌《した》をぬかれます。７回の裁判《さいばん》を受けて最後は、泰山王《たいざんおう》によって６つの世界のどこへ行くか決められます。

生死をくり返す六道輪廻

六道《ろくどう》の世界《せかい》を生まれ変わり、死《し》に変わりする六道輪廻《ろくどうりんね》からぬけ出すには、
仏《ほとけ》さまの浄土《じょうど》に生まれ変わるしかありません。

六道の世界

天道《てんどう》	罪《つみ》が軽く、よいおこないもした人は、天人《てんにん》の世界に生まれ変わる。安楽《あんらく》にすごせるが、寿命《じゅみょう》がつきたらどこへ生まれ変わるか心配《しんぱい》がある。
人道《にんどう》	私《わたし》たち人間が住む世界。四苦八苦《しくはっく》が待《ま》ち受けているが、仏さまの浄土《じょうど》に生まれ変われる可能性《かのうせい》がある。
修羅道《しゅらどう》	帝釈天《たいしゃくてん》と戦《たたか》いつづける阿修羅《あしゅら》の世界。人をにくみ、自慢《じまん》とグチを重《かさ》ねた人が生まれ変わる。
畜生道《ちくしょうどう》	何も考えず行きあたりばったりに悪《わる》いおこないを重ねた人は、人間以外《いがい》の動物に生まれ変わる。
餓鬼道《がきどう》	自分の欲望《よくぼう》を満《み》たすためだけに生きてきた人は、鬼《おに》となって餓《う》えと渇《かわ》きに苦《くる》しみつづける。
地獄道《じごくどう》	救《すく》いがたく罪《つみ》の重い人が生まれ変わる地下の世界。罪の重さのランクによって八大地獄《はちだいじごく》がある。

極楽浄土《ごくらくじょうど》と八大地獄《はちだいじごく》

安楽な理想の世界と信じられない苦の世界

私《わたし》たち人間がいま生きているのは、六《ろく》道《どう》の一つ、人道《にんどう》の世界《せかい》です。そして、仏《ほとけ》さまの浄土《じょうど》に生まれ変われるのは、お釈《しゃ》迦《か》さまの教えが学べる人道だけです。

仏さまにはそれぞれ自分の国がありま す。有名なのは、阿弥陀如来《あみだにょらい》の「極楽《ごくらく》浄《じょう》土《ど》」ですが、薬師如来《やくしにょらい》の「瑠璃光浄《るりこうじょう》土《ど》」などもあります。

どの浄土も、不安《ふあん》や苦《くる》しみがいっさいなく、楽しみに満《み》ちた世界です。それは、浄土に生まれた人が、悟《さと》りを得《え》て仏《ほとけ》となるために修行《しゅぎょう》がしやすいようにです。浄土に生まれ変わったら、もう六道の世界にもどることはありません。永遠《えいえん》に浄土で幸《しあわ》せに暮《く》らせるのです。

いっぽう、この世《よ》で最《もっと》も罪《つみ》の重い者が生まれ変わるおそろしい世界が「地獄《じごく》」。六道の地獄道《じごくどう》です。

地獄道には、罪の重さのランク別《べつ》に8つの地獄が待ち受けています。「等活《とうかつ》地獄」から最下級《さいかきゅう》の「阿鼻《あび》地獄」までの八大地獄は、ランクが下がるほど、つらい苦しみとなります。

冥土《めいど》の旅《たび》を終《お》えて地獄に落ちた者は、まず地獄の裁判官《さいばんかん》である閻魔大王《えんまだいおう》の審判《しんぱん》を受けて、どの地獄へ行くか決められます。そして、おくられた地獄で責《せ》め苦《く》を受けます。どの地獄でも、責め苦により死《し》んでもすぐに生き返《かえ》り、永遠に罰《ばつ》をあたえられつづけるのです。

おそろしい八大地獄

昔《むかし》、比叡山《ひえいざん》のお坊《ぼう》さんが八大地獄の様子《ようす》を『往生要集《おうじょうようしゅう》』という本に書き、それをもとに地獄図が描《えが》かれたことでひろまりました。

1	等活地獄《とうかつじごく》	五戒《ごかい》の一つ、殺生《せっしょう》をした者が落ちる。永遠《えいえん》になぐりあいをつづける。
2	黒縄地獄《こくじょうじごく》	さらに、盗《ぬす》みをした者が落ちる。熱《あつ》い縄《なわ》でしばられ、永遠にノコギリで体をきざまれる。
3	衆合地獄《しゅうごうじごく》	さらに、悪《わる》い人間関係《かんけい》を持った者が落ちる。美男美女《びなんびじょ》にさそわれてトゲまみれの木をのぼったりおりたり、体が傷《きず》だらけになる。
4	叫喚地獄《きょうかんじごく》	さらに、飲酒《いんしゅ》の罪《つみ》をおかした者が落ちる。口をペンチでこじあけられ、煮《に》えたぎった銅《どう》を流しこまれる。
5	大叫喚地獄《だいきょうかんじごく》	さらに、ウソをついた者が落ちる。舌《した》を針《はり》で刺《さ》され、ペンチで引きぬかれる。
6	焦熱地獄《しょうねつじごく》	五戒のすべての罪をおかし、正しくものごとを見ることができない者が落ちる。まっ赤《か》に焼《や》けた鉄《てつ》の棒《ぼう》でたたかれ、串刺《くしざ》しにされて火にあぶられる。
7	大焦熱地獄《だいしょうねつじごく》	さらに、尼僧《にそう》（女性《じょせい》のお坊さん）をいじめた者が落ちる。熱でとけた刀《かたな》で皮をはがされ、沸騰《ふっとう》した鉄汁《てつじる》を飲まされる。
8	阿鼻地獄《あびじごく》	ありとあらゆる罪をおかした、極悪非道《ごくあくひどう》の者が落ちる。無間《むけん》地獄ともいわれ、責《せ》め苦《く》から一瞬《いっしゅん》たりとものがれることができない最《もっと》もおそろしい地獄。

そもそも、お経《きょう》って何？

お釈迦さまの教えをまとめた仏教の教科書

お釈迦《しゃか》さまの教えが書かれたものが、お経《きょう》（経典《きょうてん》）です。ただ、お釈迦さまが書いたわけではありません。

お釈迦さまの死後《しご》、その教えは文字《もじ》ではなく、口で伝《つた》えられました。十大弟子《じゅうだいでし》の一人、「多聞《たもん》第一」といわれた阿難陀《あなんだ》はいつもお釈迦さまのそばに仕《つか》え、お釈迦さまの言葉《ことば》を正確《せいかく》に記憶《きおく》していました。それを弟子たちみんなでとなえて確《たし》かめあいながら、お釈迦さまの教えを忘《わす》れないようにしたのです。

文字で記録《きろく》されるようになったのは、お釈迦さまが亡《な》くなって数百年後のこと。それがお経の始まりです。

お経は中国や日本にも伝えられました。

法句経《ほっくぎょう》
お釈迦さまが語った幸《しあわ》せに生きるための智恵《ちえ》をまとめた最《もっと》も古いお経《きょう》。古代インド語で「ダンマパダ」という。
般若心経《はんにゃしんぎょう》
「空《くう》」の教えが書かれているお経。読経《どきょう》や写経《しゃきょう》がおこなわれ、日本でいちばん親しまれている。本文わずか262字。
華厳経《けごんきょう》
仏《ほとけ》の真理《しんり》そのものである毘盧《びる》舎那仏《しゃなぶつ》について書かれたお経。

法華経《ほけきょう》
お釈迦さまは永遠《えいえん》に存在《そんざい》する仏であることがドラマチックに書かれている。正式名称《せいしきめいしょう》は「妙法蓮華経《みょうほうれんげきょう》」。『観音経《かんのんぎょう》』も、このなかの一つ。
阿弥陀経《あみだきょう》
阿弥陀如来《あみだにょらい》の極楽浄土《ごくらくじょうど》の絢爛《けんらん》豪華《ごうか》な様子《ようす》と、浄土往生《じょうどおうじょう》の方法《ほうほう》が書かれている。
大日経《だいにちきょう》
密教《みっきょう》のお経。大日如来《だいにちにょらい》が「悟《さと》りとは何か」を語り、修行法《しゅぎょうほう》や儀式《ぎしき》について書かれている。
理趣経《りしゅきょう》
密教のお経。煩悩《ぼんのう》をテーマとし、「世《よ》のため人のため」という大きな欲望《よくぼう》を持て」と説《と》く。

お寺の行事《ぎょうじ》やお葬式《そうしき》のときにお坊《ぼう》さんが読むお経は、聞いても意味がわからないですね。それは、インドから中国に伝わって中国語に翻訳《ほんやく》されたお経を、日本のお坊さんたちが持ち帰り、そのまま中国語で読んでいるから。古代インド語の発音のまま漢字《かんじ》にしているところもあります。日本語にしてしまうよりも、そのままの言葉のほうが仏《ほとけ》さまに通じると考えたんだね。

そして中国でも日本でも、たくさんのお坊さんたちがお経に書かれている内容《ないよう》を研究《けんきゅう》し、解説書《かいせつしょ》や作法《さほう》の本が書かれました。それらもお経とよばれています。

だからお経の数はどんどんふえて、いまは５０００以上あります。正確な数はわからないので、すべてのお経という意味で「一切経《いっさいきょう》」といわれています。

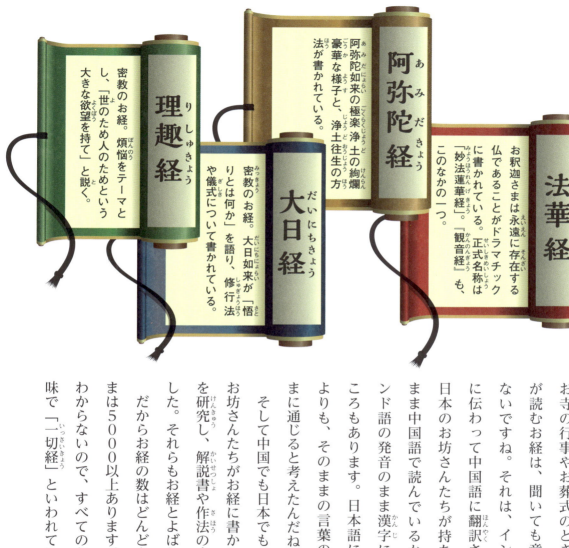

友だちに教えたくなる
仏教豆知識《ぶっきょうまめちしき》②

『般若心経《はんにゃしんぎょう》』をとなえてみよう！

摩訶般若波羅蜜多心経《まかはんにゃはらみったしんぎょう》

唐三蔵法師《とうさんぞうほうし》　玄奘《げんじょう》　訳《やく》

観自在菩薩《かんじざいぼさつ》　行深般若波羅蜜多時《ぎょうじんはんにゃはらみったじ》　照見五蘊皆空《しょうけんごうんかいくう》　度一切苦厄《どいっさいくやく》　舎利子《しゃりし》

色不異空《しきふいくう》　空不異色《くうふいしき》　色即是空《しきそくぜくう》　空即是色《くうそくぜしき》　受想行識《じゅそうぎょうしき》　亦復如是《やくぶにょぜ》　舎利子《しゃりし》

是諸法空相《ぜしょほうくうそう》　不生不滅《ふしょうふめつ》　不垢不浄《ふくふじょう》　不増不減《ふぞうふげん》　是故空中《ぜこくうちゅう》

無色無受想行識《むしきむじゅそうぎょうしき》　無眼耳鼻舌身意《むげんにびぜっしんい》　無色声香味触法《むしきしょうこうみそくほう》　無眼界《むげんかい》

乃至無意識界《ないしむいしきかい》　無無明亦無無明尽《むむみょうやくむむみょうじん》　乃至無老死《ないしむろうし》　亦無老死尽《やくむろうしじん》

無苦集滅道《むくしゅうめつどう》　無智亦無得《むちやくむとく》　以無所得故《いむしょとくこ》　菩提薩埵《ぼだいさった》　依般若波羅蜜多故《えはんにゃはらみったこ》

心無罣礙《しんむけいげ》　無罣礙故《むけいげこ》　無有恐怖《むうくふ》　遠離一切《おんりいっさい》　顛倒夢想《てんどうむそう》　究竟涅槃《くぎょうねはん》

三世諸仏《さんぜしょぶつ》　依般若波羅蜜多故《えはんにゃはらみったこ》　得阿耨多羅三藐三菩提《とくあのくたらさんみゃくさんぼだい》

故知般若波羅蜜多《こちはんにゃはらみった》　是大神呪《ぜだいじんしゅ》　是大明呪《ぜだいみょうしゅ》　是無上呪《ぜむじょうしゅ》　是無等等呪《ぜむとうどうしゅ》

能除一切苦《のうじょいっさいく》　真実不虚《しんじつふこ》　故説般若波羅蜜多呪《こせつはんにゃはらみったしゅ》　即説呪曰《そくせつしゅわつ》

羯諦羯諦《ぎゃていぎゃてい》　波羅羯諦《はらぎゃてい》　波羅僧羯諦《はらそうぎゃてい》

菩提薩婆訶《ぼじそわか》　般若心経《はんにゃしんぎょう》

第3章

仏《ほとけ》さまはスーパーヒーロー

仏さまはお経の登場人物。それぞれに役割がある

お寺には、お釈迦《しゃか》さま、観音《かんのん》さま、不《ふ》動明王《どうみょうおう》、四天王《してんのう》など、さまざまな仏像《ぶつぞう》がまつられています。

これらはみんな、お経《きょう》に登場《とうじょう》する仏《ほとけ》さまを形にしたものです。つまり仏像は、お経に説《と》かれたお釈迦さまの教えをわかりやすくするためにつくられたキャラクターなのです。

たくさんのお経があるので、たくさんの仏さまがいるわけです。そして、物《もの》語《がたり》の登場人物《じんぶつ》に主人公やわき役《やく》がいるように、仏さまにもそれぞれ決まった役割《やくわり》があります。

仏さまを役割によってグループ分けすると、「如来《にょらい》」「菩薩《ぼさつ》」「明王《みょうおう》」「天《てん》」の4つに分けられます。

如来は、仏の真理《しんり》の世界《せかい》から来た者。完全《かんぜん》な悟《さと》りを得《え》た仏のなかの仏、スーパーヒーローです。

菩薩は、悟りを求《もと》めて修行《しゅぎょう》する者。如来の弟子《でし》であり、慈悲《じひ》の心で人々《ひとびと》を救《すく》います。

明王は、如来の使者《ししゃ》。いかりの表情《ひょうじょう》で悪《あく》をやぶり、善《ぜん》にみちびきます。

そして天は、仏の世界を守る神々《かみがみ》です。

仏さまの名前を知らなくても、ファッションや持ち物を見ると、どのグループの仏さまか、わかるようになります。

最初の如来像は悟りを得たお釈迦さま

　この世《よ》に生まれ、苦行《くぎょう》の末《すえ》に悟りを得て仏さまとなったお釈迦さまは、どんな姿《すがた》をしていたのか――。ふつうの人間とはちがう特徴《とくちょう》を持っていたはずだと昔《むかし》の人々は考えました。

　体は金色《こんじき》にかがやき、眉間《みけん》（おでこ）から光を発《はっ》する、智恵《ちえ》によって頭のてっぺんがもりあがり、髪《かみ》の毛はカールしている、指の間には水かきがあり、手指《てゆび》のサインで教えをしめす、足の裏《うら》には教えをしめす模様《もよう》があるなど、如来には32の大きな特徴があるとされました。

　そして、王子《おうじ》の地位《ちい》や財産《ざいさん》を捨《す》てて出《しゅっ》家《け》したことから衣《ころも》1枚を身《み》につけているだけの釈迦如来像《しゃかにょらいぞう》ができたのです。

　それをまねて、病気《びょうき》のときに救ってくれる薬師如来《やくしにょらい》、死後《しご》、極楽浄土《ごくらくじょうど》に生まれ変わらせてくれる阿弥陀如来《あみだにょらい》など、多くの仏像がつくられました。

菩薩像は出家前のお釈迦さまがモデル

　菩薩像《ぼさつぞう》は、心やさしい王子時代のお釈迦さまの姿をモデルにして、宝冠《ほうかん》や胸《むね》かざり、腕輪《うでわ》などのアクセサリーを身につけています。そして手には、きよらかさをしめす水瓶《すいびょう》（水がめ）や、蓮華《れんげ》（ハスの花）のつぼみなどを持っています。

　菩薩とは、如来になるために悟りを求めて修行《しゅぎょう》する者ですが、「この世で苦《くる》しみ、悩《なや》んでいる人がいるかぎり、私《わたし》は仏（如来）にはならない」と誓《ちか》いをたて、自《みずか》らの意志で菩薩の地位にとどまっている慈悲《じひ》の仏さまともいえます。

たとえば観音菩薩《かんのんぼさつ》は、私たちがその名をとなえると、さまざまな姿に変身《へんしん》して、いつでもどこでも助けにきてくれると『観音経《かんのんぎょう》』に書かれています。また、お釈迦さまの入滅《にゅうめつ》から56億《おく》7000万年後に仏となって、この世にあらわれることが決まっている弥勒菩薩《みろくぼさつ》もいます。

おそろしい表情の明王像

メラメラと燃《も》えさかる炎《ほのお》をバックに、おそろしい表情をした明王《みょうおう》は、煩悩《ぼんのう》にとらわれて如来の教えにしたがわない人々を善《ぜん》にみちびく役目《やくめ》をになっています。

ヘアスタイルは、マンガに出てくる中国の勇者《ゆうしゃ》のような弁髪《べんぱつ》（おさげ髪《がみ》）、あるいは激《はげ》しいいかりによって髪の毛が逆《さか》立《だ》った怒髪《どはつ》をしています。いくつもの顔や腕《うで》があったり、手にあらゆる武器《ぶき》を持っていたり、ドクロをつないだ首かざりやヘビを巻《ま》きつけていたりする姿は、見る者を圧倒《あっとう》します。

明王は、弘法大師《こうぼうだいし》（空海《くうかい》）によって日本に伝《つた》えられた密教《みっきょう》の経典《きょうてん》に登場します。密教とは秘密《ひみつ》の仏教《ぶっきょう》のことです。ですから、真言《しんごん》（如来の真実《しんじつ》の言葉《ことば》）をとなえることで最《もっと》もご利益《りやく》をいただける仏さまが明王とされています。

バラエティにとんだ天

お釈迦さまが誕生《たんじょう》する前から信仰《しんこう》されていた古代インドの神々が、仏教の守護《しゅご》神《しん》となったといわれています。

そして仏教がインドから中国を経由《けいゆ》して日本にいたるまでに、各地で信仰されていた神々をとりこんでいったため、その姿はインド風《ふう》だったり中国風だったり、

おそろしい顔の仏《ほとけ》さまも
キミたちの味方《みかた》だよ

さまざまです。

たとえば、頭部《とうぶ》がゾウになっている歓《かん》喜天《ぎてん》もいます。日本でよく知られている七福神《しちふくじん》でいえば、毘沙門天《びしゃもんてん》は甲冑姿《かっちゅうすがた》の武人《ぶじん》、弁財天《べんざいてん》は羽衣《はごろも》を身にまとった天女《てんにょ》、寿老人《じゅろうじん》は長いヒゲを持つ老人の姿というように、男女の性別《せいべつ》がはっきりして、より人間に近い姿をしています。

神々が住む天界《てんかい》は、キリスト教でいう天国ではありません。人間界に近いところにあり、天の神々は福徳《ふくとく》をあたえてくれる仏さまなのです。

お釈迦さまの弟子と仏さまの従者たち

お釈迦さまには、摩訶迦葉《まかかしょう》、阿難陀《あなんだ》、舎利弗《しゃりほつ》など10人のすぐれた弟子《でし》がおり、「十大弟子《じゅうだいでし》」といわれています。

また、修行僧《しゅぎょうそう》の最高位《さいこうい》を「阿羅漢《あらかん》」といい、十六羅漢《らかん》、五百羅漢がいます。阿羅漢のトップは賓頭盧尊者《びんずるそんじゃ》です。「おびんずるさま」とよばれ、体のどこかが痛《いた》いときにその像《ぞう》の同じ部分をなでると治《なお》るといわれています。

如来・菩薩・明王にもそれぞれ従者《じゅうしゃ》や仲間《なかま》がいます。本尊《ほんぞん》の仏さまの両わきにまつる従者を「脇侍《わきじ》」（「きょうじ」ともいう）といい、その他《た》の従者は「眷属《けんぞく》」といいます。

眷属は、竜王《りゅうおう》や夜叉《やしゃ》（鬼神《きじん》）までさまざま。仏教の守護神とされる「天竜八部衆《てんりゅうはちぶしゅう》」をはじめ、薬師如来《やくしにょらい》に仕《つか》える「十二神将《じゅうにしんしょう》」、千手観音《せんじゅかんのん》に仕える「二十八部衆《にじゅうはちぶしゅう》」が有名です（98～99ページ）。

天の神々や眷属たちは、100ページに紹介《しょうかい》する「須弥山世界《しゅみせんせかい》」に住んでいます。

キミを守ってくれるすごい仏さまをさがせ！

キミは、何年《なにどし》生まれかな？　生まれ年（十二支《じゅうにし》）によって守《まも》り本尊《ほんぞん》が決まっています。

左の図を見てください。たとえば2008年生まれなら「ねずみ年」にあたりますが、誕生日《たんじょうび》が立春《りっしゅん》（2月4日ごろ）より前の人は前年の「いのしし年」の仏《ほとけ》さまが守り本尊になります。

守り本尊とは、その名のとおり、生まれてから死《し》ぬまで、一生守りつづけてくれる仏さまのこと。

また、今年は「いのしし年」だから阿弥陀如来《あみだにょらい》、来年は「ねずみ年」だから千手観音《せんじゅかんのん》というように守り本尊が決まっています。そして、それぞれ東西南北《とうざいなんぼく》などの方角《ほうがく》を守っています。つまり、いろいろな仏さまが、いつでもどこでもキミを見守っていてくれるのです。

仏さまにはそれぞれ、シンボルマークと、お参《まい》りするときにとなえる呪文《じゅもん》があります。

マークは古代インドの文字《もじ》であり、「梵字《ぼんじ》」とよばれます。

となえる呪文は、仏さまの真実の言葉として「真言《しんごん》」といいます。守り本尊の前で心をこめてとなえれば、あなたの声はかならず仏さまにとどき、いっそうのご利益《りやく》があるといわれています。

守り本尊

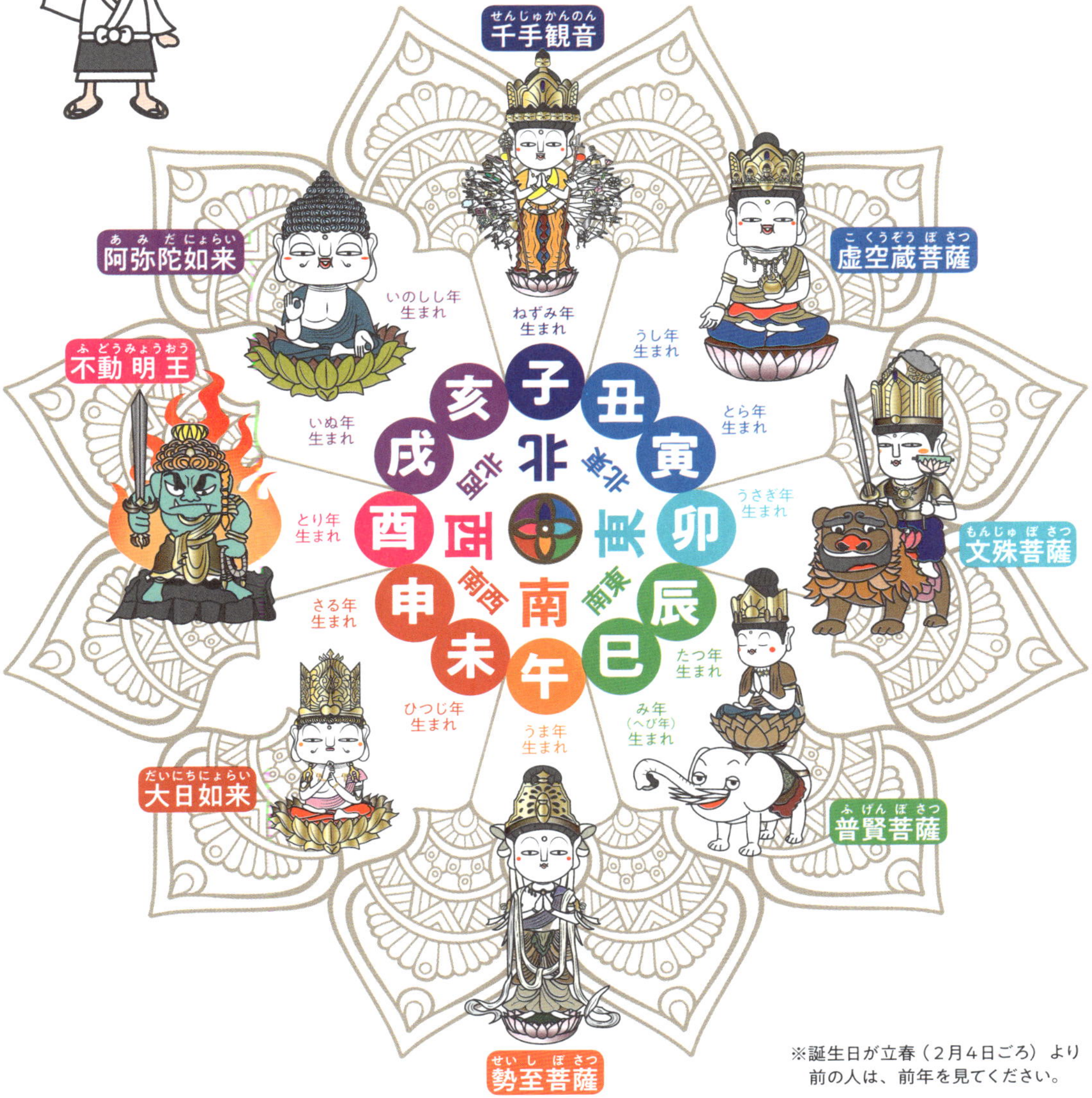

※誕生日が立春（2月4日ごろ）より
前の人は、前年を見てください。

梵字：バク

お釈迦さま

釈迦如来《しゃかにょらい》

［真言］
のうまく さんまんだ ぼだなん ばく

真理の教えをひろめた仏教の開祖

［釈迦三尊《さんぞん》］
釈迦如来を中心に普賢菩薩《ふげんぼさつ》と文殊菩薩《もんじゅぼさつ》をまつることが多い

釈迦如来《しゃかにょらい》は、この世《よ》にあらわれ、私《わたし》たちに幸《しあわ》せに生きるための真理《しんり》の教えを説《と》いてくれた仏《ほとけ》さまです。

2〜3世紀ごろ、インドの西に位置《いち》するガンダーラ地方で初《はじ》めて釈迦如来像《ぞう》がつくられました。

お釈迦さまの一生をあらわして、4月8日の花まつりにまつられる童子姿《どうじすがた》の誕生仏《たんじょうぶつ》、修行《しゅぎょう》時代のやせこけた姿の苦《く》行像《ぎょうぞう》、2月15日の涅槃会《ねはんえ》にまつられる入滅姿《にゅうめつすがた》の寝釈迦《ねしゃか》などがあります。

いちばん多いのは、手指《てゆび》で施無畏印《せむいいん》・与願印《よがんいん》を組み、人々《ひとびと》に教えを説いている釈迦如来像です。

釈迦三尊《しゃかさんぞん》として脇侍《わきじ》には普賢菩薩《ふげんぼさつ》と文殊菩薩《もんじゅぼさつ》をまつることが多いですが、二大弟子《でし》の摩訶迦葉《まかかしょう》と阿難陀《あなんだ》をまつることもあります。

また、釈迦如来・阿弥陀如来《あみだにょらい》・弥勒菩薩《みろくぼさつ》（弥勒仏《みろくぶつ》）をまつれば、現在《げんざい》（この世）・過去《かこ》（生まれる前の世）・未来《みらい》の世にあらわれる仏さまがそろいます。

南無釈迦牟尼仏《なむしゃかむにぶつ》と
となえよう
肉髻《にくけい》
智恵《ちえ》によって
頭のてっぺんが
もりあがっている
【表紙の答え】
頭のモニョモニョは
この「螺髪《らほつ》」だよ！
螺髪《らほつ》
髪《かみ》の毛が１つ１つ
カールしている
白毫《びゃくごう》
おでこの白い巻《ま》き毛《げ》から
光を発《はっ》して世界《せかい》を照《て》らす
三道《さんどう》（首の３本のすじ）
煩悩《ぼんのう》を持つ人間が修行《しゅぎょう》して
仏《ほとけ》となったしるし
施無畏印《せむいいん》
「おそれなくていいよ」
というサイン
１枚の布《ぬの》を巻《ま》いて
両肩《りょうかた》にかけているだけ。
与願印《よがんいん》
「願《ねが》いをかなえてあげるよ」
というサイン
蓮華座《れんげざ》
ハスの花びらを
かたどった台座《だいざ》
釈迦如来
誕生仏《たんじょうぶつ》
寝釈迦《ねしゃか》

梵字：バイ

お薬師さま

薬《や》師《く》如《し》来《にょらい》

［真言］
おん ころころ せんだり
まとうぎ そわか

病気を治し、
安楽をあたえてくれる仏さま

［薬師三尊《さんぞん》］
薬師如来を中心に
日光菩薩《にっこうぼさつ》と月光菩薩《がっこうぼさつ》をまつる

薬師如来《やくしにょらい》は修行《しゅぎょう》時代に「病気《びょうき》の人も貧乏《びんぼう》な人も、すべての人が悟《さと》りを得《え》られるようにしたい」として12の大願《たいがん》をたてたと『薬師経《やくしきょう》』に書かれています。その大願を成就《じょうじゅ》して仏《ほとけ》さまとなったことから「大医王《だいいおう》」とよばれます。

薬師如来の国は「瑠璃光浄土《るりこうじょうど》」とよばれ、はるか東方《とうほう》にあり、青空のような瑠璃色《るりいろ》にかがやいているとされます。

薬師如来をお医者さんとすると、脇侍《わきじ》の日光菩薩《にっこうぼさつ》と月光菩薩《がっこうぼさつ》は、昼夜交替《こうたい》の看《かん》護師《ごし》さん。また十二神将《じゅうにしんしょう》という、十二支《じゅうにし》や12カ月など「時」に関係《かんけい》する12人の鬼《き》人《じん》が交替で薬師如来を守っています。

日本に仏教《ぶっきょう》が伝《つた》わると、奈良《なら》の法隆《ほうりゅう》寺《じ》をはじめ、薬師如来をまつるお寺がたくさん建《た》てられました。

最初《さいしょ》は釈迦如来像《しゃかにょらいぞう》と同じ姿《すがた》でしたが、平安《へいあん》時代、比叡山《ひえいざん》が開かれたころから左手に薬壺《やっこ》を持つようになりました。

「病気平癒《へいゆ》」、とくに目の病気にご利益《りやく》があるとされます。

南無薬師仏《なむやくしぶつ》と
となえよう
施無畏印《せむいいん》
「おそれなくていいよ」
というサイン
薬壺《やっこ》
どんな病気でも治《なお》す薬
が入っている
月輪《がちりん》
日輪《にちりん》
薬師如来
月光菩薩《がっこうぼさつ》
夜を担当《たんとう》する
日光菩薩《にっこうぼさつ》
昼を担当《たんとう》する

梵字：キリーク

阿弥陀さま

阿弥陀如来《あみだにょらい》

［真言］
おん あみりた ていせい
から うん

永遠の救いを
あたえてくれる仏さま

［阿弥陀三尊《さんぞん》］
阿弥陀如来を中心に
観音菩薩《かんのんぼさつ》と勢至菩薩《せいしぼさつ》をまつる

阿弥陀如来《あみだにょらい》の国は、はるか西方《さいほう》にあり、「極楽浄土《ごくらくじょうど》」といいます。そこは、苦《くる》しみがまったくない安楽《あんらく》な世界《せかい》であると『阿弥陀経《あみだきょう》』に書かれています。

阿弥陀如来は修行《しゅぎょう》時代、「五劫《ごこう》」という果《は》てしなく長い時間考えて48の大願《たいがん》をたてました。

なかでも重要《じゅうよう》なのは、「私《わたし》に救《すく》いを求《もと》めるものすべてを極楽浄土に生まれ変わらせたい」という「念仏往生《ねんぶつおうじょう》の願《がん》」です。それら48の大願のすべてを成就《じょうじゅ》したからこそ、阿弥陀如来が存在《そんざい》するのです。

阿弥陀如来は無限《むげん》の寿命《じゅみょう》を持ち、その光であらゆる人々《ひとびと》を照《て》らしていることから「無量寿如来《むりょうじゅにょらい》」「無量光如来《むりょうこうにょらい》」ともよばれます。

脇侍《わきじ》は、阿弥陀如来の慈悲《じひ》をあらわす観音菩薩《かんのんぼさつ》と、智恵《ちえ》をあらわす勢至菩薩《せいしぼさつ》です。法然《ほうねん》は、「南無阿弥陀仏《なむあみだぶつ》」ととなえれば、阿弥陀如来がこれら25の菩薩をしたがえて雲に乗り、私たちをむかえにきてくれると言っています。

両手のバリエーション①

説法印《せっぽういん》

「よく仏の教えを聞いて
いますね」というサイン

両手のバリエーション②

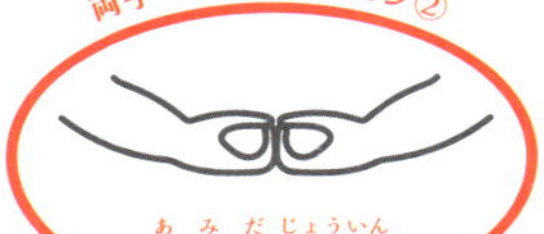

阿弥陀定印《あみだじょういん》

「正しいおこないをして
いますね」というサイン

来迎印《らいごういん》

「みんなＯＫ！ むかえにいくよ」

というサイン

阿弥陀如来

五劫思惟菩薩《ごこうしゆいぼさつ》

果《は》てしなく考えつづけて髪《かみ》が伸《の》びて
しまった修行《しゅぎょう》時代の阿弥陀さま

梵字：オン

盧舎那仏

毘《び》盧《る》舎《しゃ》那《な》如《にょ》来《らい》

真理の教え そのものを 形にした仏さま

［真言］
のうまく さんまんだ ぼだなん
あびらうんけん

［脇侍《わきじ》］
如意輪観音《にょいりんかんのん》と虚空蔵菩薩《こくうぞうぼさつ》をまつる

毘盧舎那如来《びるしゃなにょらい》は、『華厳経《けごんきょう》』に登場《とうじょう》する仏《ほとけ》さまです。古代インドの言葉《ことば》でヴァイローチャナといい、その発音から「毘《び》盧舎那仏《るしゃなぶつ》」「盧舎那仏《るしゃなぶつ》」ともよばれます。その意味は、「全宇宙《ぜんうちゅう》を照らす光の仏さま」ということです。

姿《すがた》は釈迦如来像《しゃかにょらいぞう》と変わりませんが、じつは何百億倍《おくばい》も大きいのです。なぜなら毘盧舎那如来は、台座《だいざ》の１０００枚のハスの花びらの1枚1枚にお釈迦さまがいて、さらにその台座に１０００のお釈迦さまがいるというように、広大な蓮華蔵《れんげぞう》世界《せかい》に住んでいるからです。

つまり、毘盧舎那如来は仏の真理《しんり》の教えそのものであり、毘盧舎那如来が存在《そんざい》しなければ、お釈迦さまも存在しないということです。

毘盧舎那如来のはかりしれない大きさをイメージしてつくられたのが、奈《な》良《ら》の東大寺《とうだいじ》の大仏です。光背《こうはい》の無数《むすう》の化仏《けぶつ》（小さな仏さま）も、毘盧舎那如来の偉大《いだい》さをあらわしています。

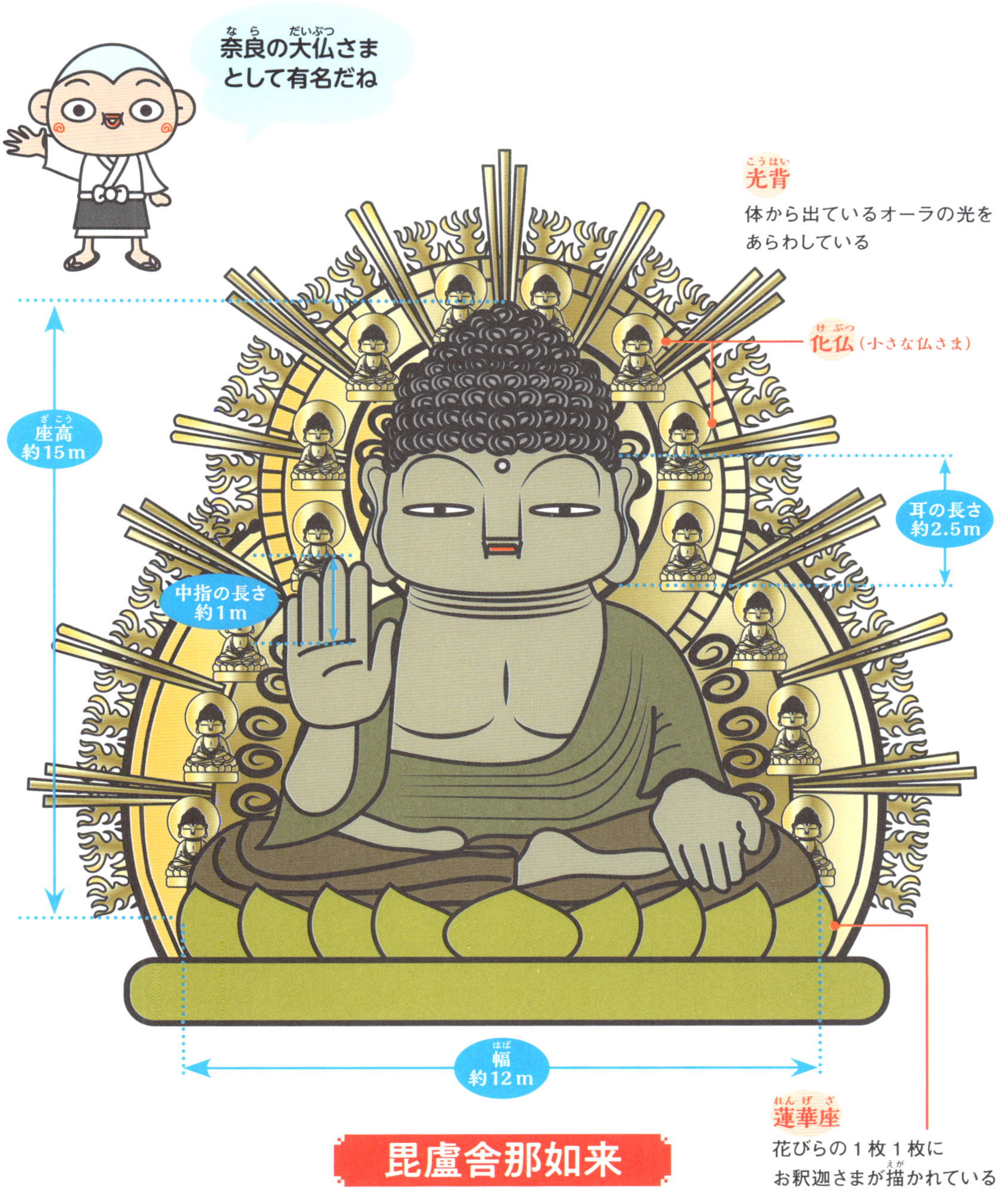
奈良《なら》の大仏《だいぶつ》さま
として有名だね
光背《こうはい》
体から出ているオーラの光を
あらわしている
化仏《けぶつ》（小さな仏さま）
座高《ざこう》
約15m
耳の長さ
約2.5m
中指の長さ
約1m
幅《はば》
約12m
蓮華座《れんげざ》
花びらの１枚１枚に
お釈迦さまが描《えが》かれている

毘盧舎那如来

梵字：ア
（胎蔵界大日如来）

梵字：バン
（金剛界大日如来）

大日如来

大日如来《だいにちにょらい》

全宇宙をつかさどる仏さま

［真言］
おん ばざら だどばん（金剛界大日如来）
おん あびらうんけん（胎蔵界大日如来）

［五智如来《ごちにょらい》］
大日如来の智恵《ちえ》を分けて受け持つ五仏《ごぶつ》。金剛界《こんごうかい》五智如来と胎蔵界《たいぞうかい》五智如来がいる

大日如来《だいにちにょらい》は、弘法大師《こうぼうだいし》（空海《くうかい》）が伝《つた》えた密教《みっきょう》の経典《きょうてん》に登場《とうじょう》する最高位《さいこうい》の仏《ほとけ》さまです。

古代インドの言葉《ことば》でマハー・ヴァイローチャナといい、毘盧舎那如来《びるしゃなにょらい》をさらにパワーアップさせた仏さまです。

密教では、宇宙《うちゅう》は、ダイヤモンドのように何があってもこわれない智恵《ちえ》の世界《せかい》（金剛界《こんごうかい》）と、すべてを包《つつ》みこむ慈悲《じひ》の世界（胎蔵界《たいぞうかい》）でできていると考えます。その両方の力をかねそなえたのが大日如来なのです。

忍者《にんじゃ》のように手指《てゆび》を組む智拳印《ちけんいん》の金剛界大日如来は、最高の悟《さと》りの智恵《ちえ》をしめします。坐禅《ざぜん》をするときのように手指を組む法界定印《ほっかいじょういん》の胎蔵界大日如来は、悟りのはたらきである慈悲をしめします。

その2つの姿《すがた》は表裏《ひょうり》一体であり、切りはなすことはできません。

ほかの如来とは別格《べっかく》で、宝冠《ほうかん》をかむり、胸《むね》かざりや腕輪《うでわ》など、きらびやかなアクセサリーを身《み》につけています。

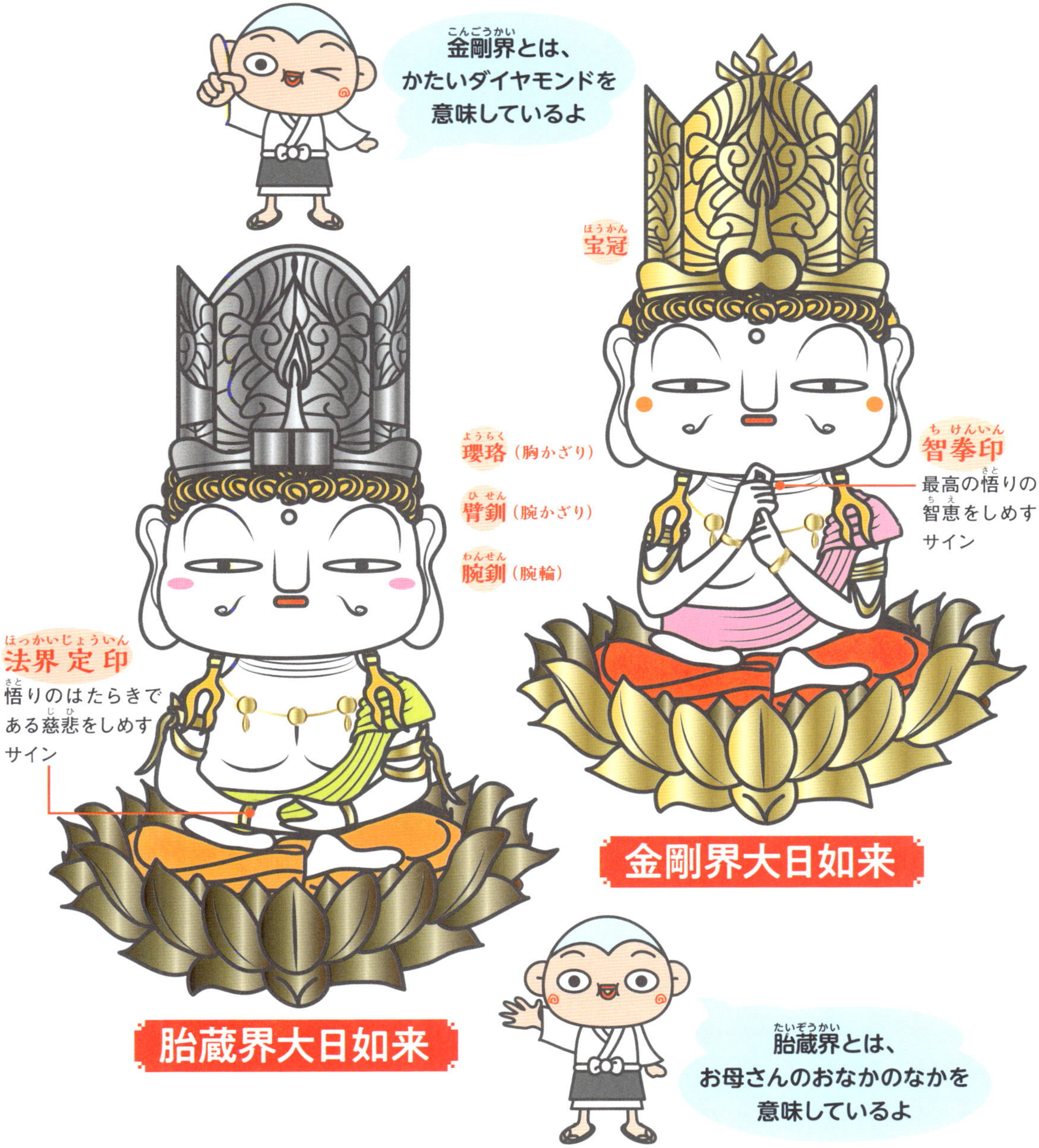
金剛界《こんごうかい》とは、かたいダイヤモンドを意味しているよ
宝冠《ほうかん》
瓔珞《ようらく》（胸かざり）
臂釧《ひせん》（腕かざり）
腕釧《わんせん》（腕輪）
智拳印《ちけんいん》
最高の悟《さと》りの智恵《ちえ》をしめすサイン
法界定印《ほっかいじょういん》
悟《さと》りのはたらきである慈悲《じひ》をしめすサイン
金剛界大日如来
胎蔵界大日如来
胎蔵界《たいぞうかい》とは、お母さんのおなかのなかを意味しているよ

梵字：ユ

弥勒さま

弥勒菩薩《みろくぼさつ》

【真言】おん まいたれいや そわか

お釈迦さまの次にこの世にあらわれる仏さま

【弥勒三尊《さんぞん》】悟《さと》りを得《え》た弥勒如来《みろくにょらい》を中心に法苑林菩薩《ほうおんりんぼさつ》と大妙相菩薩《だいみょうそうぼさつ》をまつる

お釈迦《しゃか》さまの入滅《にゅうめつ》から56億《おく》7000万年後に仏《ほとけ》となって、この世《よ》にあらわれることが決まっている未来《みらい》の仏さまが弥勒《みろく》菩薩《ぼさつ》です。そのため「弥勒如来《みろくにょらい》」「弥勒《みろく》仏《ぶつ》」ともよばれます。

古代インドの言葉《ことば》ではマイトレーヤといい、「慈悲《じひ》の仏さま」を意味しています。いまは兜率天《とそつてん》（100ページ）にいて、どのようにして人々《ひとびと》を救《すく》おうか考えているとされます。

台座《だいざ》に腰《こし》かけて片足《かたあし》をひざにのせ、右手を軽くほおにあてて考えている姿《すがた》の仏《ぶつ》像《ぞう》を半跏思惟像《はんかしゆいぞう》といいます。日本には、飛鳥《あすか》時代に伝《つた》わりました。京都《きょうと》の広隆《こうりゅう》寺《じ》の宝冠弥勒《ほうかんみろく》はその代表《だいひょう》です。

また、奈良《なら》の中宮寺《ちゅうぐうじ》に如意輪観音《にょいりんかんのん》として伝わる半跏思惟像も、弥勒菩薩としてつくられたものと見られています。

そして平安《へいあん》時代末期《まっき》になると、お釈迦さまの教えが忘《わす》れ去《さ》られる「末法《まっぽう》の時代」に入ったとされ、仏さまとなった姿の弥勒如来像がふえていきました。

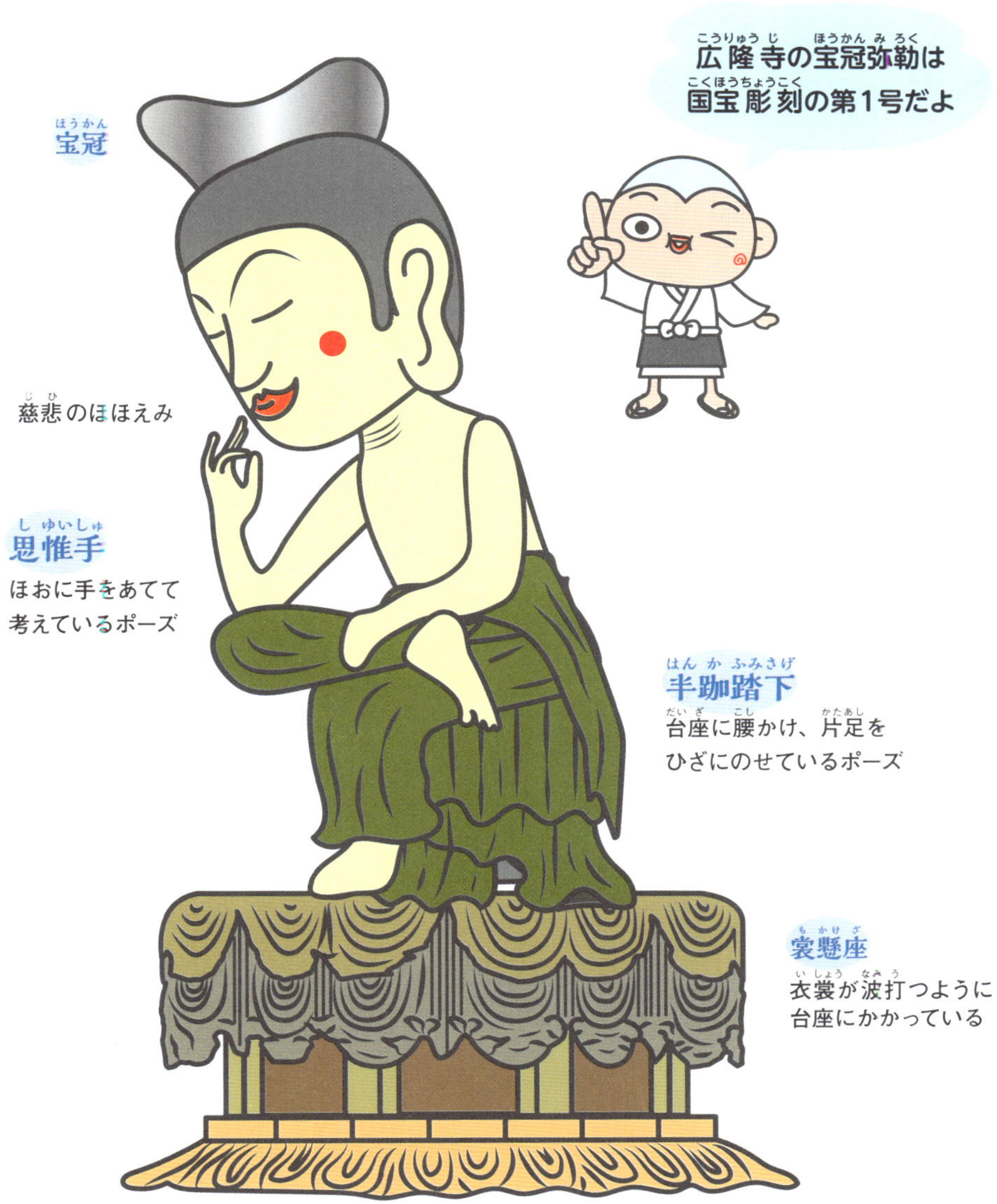
広隆寺《こうりゅうじ》の宝冠弥勒《ほうかんみろく》は
国宝彫刻《こくほうちょうこく》の第1号だよ
宝冠《ほうかん》
慈悲《じひ》のほほえみ
思惟手《しゆいしゅ》
ほおに手をあてて
考えているポーズ
半跏踏下《はんかふみさげ》
台座《だいざ》に腰《こし》かけ、片足《かたあし》を
ひざにのせているポーズ
裳懸座《もかけざ》
衣裳《いしょう》が波《なみ》打《う》つように
台座にかかっている

弥勒菩薩

梵字：マン

文殊さま

文殊《もんじゅ》菩薩《ぼさつ》

【真言】
おん あらはしゃ のう

古代インドに実在した智恵の仏さま

【眷属《けんぞく》】
善財童子《ぜんざいどうじ》、優填王《うてんおう》、維摩居士《ゆいまこじ》（最勝老人《さいしょうろうじん》）、須菩提《しゅぼだい》（仏陀波利三蔵《ぶっだはりさんぞう》）

文殊菩薩《もんじゅぼさつ》は「三人寄《よ》れば文殊の智恵《ちえ》」のことわざでよく知られる智恵の仏《ほとけ》さまです。

文殊は古代インドに実在《じつざい》した人物《じんぶつ》で、ぬきん出た智恵を持ち、お釈迦《しゃか》さまの教えを経典《きょうてん》にまとめたといわれます。熱心《ねっしん》な在家信者《ざいけしんじゃ》の維摩居士《ゆいまこじ》と仏の教えについて問答《もんどう》をしたことが『維摩経《ゆいまぎょう》』に書かれています。

百獣《ひゃくじゅう》の王である獅子《しし》の上に置《お》かれた蓮台《れんだい》にすわり、経巻《きょうかん》をのせた蓮華《れんげ》と宝剣《ほうけん》を持つ騎獅像《きしぞう》が一般的《いっぱんてき》です。4人の従者《じゅうしゃ》を連《つ》れた「渡海文殊《とかいもんじゅ》」は、文殊が仏教を中国から日本へ伝《つた》える姿《すがた》とされます。

禅宗《ぜんしゅう》のお寺では、修行僧《しゅぎょうそう》の手本としてお坊《ぼう》さんの姿をした聖僧文殊《しょうそうもんじゅ》がまつられます。また、文殊の智恵は純粋無垢《じゅんすいむく》であることから子どもの姿をした稚児文殊《ちごもんじゅ》などもあります。

うさぎ年の守《まも》り本尊《ほんぞん》で、「智恵明瞭《ちえめいりょう》」「学業成就《がくぎょうじょうじゅ》」のご利益《りやく》があるといわれています。

渡海文殊《とかいもんじゅ》は4人の従者《じゅうしゃ》を連《つ》れているよ
宝髻《ほうけい》
髪《かみ》を高く結《ゆ》いあげ、宝冠《ほうかん》をつけている
若々《わかわか》しく知的《ちてき》な表情《ひょうじょう》
宝剣《ほうけん》
煩悩《ぼんのう》を断《た》ち切る
蓮華《れんげ》
経巻《きょうかん》がのっている
善財童子《ぜんざいどうじ》
須菩提《しゅぼだい》
（仏陀波利三蔵《ぶっだはりさんぞう》）
優填王《うてんおう》
獅子《しし》
智恵《ちえ》の力強さのシンボル
維摩居士《ゆいまこじ》
（最勝老人《さいしょうろうじん》）
文殊菩薩

梵字：アン

普賢菩薩さま

普賢菩薩《ふげんぼさつ》

【真言】おん さんまや ざとばん

人々を救うために行動する仏さま

【眷属《けんぞく》】十羅刹女《じゅうらせつにょ》（『法華経《ほけきょう》』の教えを聞いて善神《ぜんしん》となった10人の鬼女《きじょ》）

普賢菩薩《ふげんぼさつ》の名は「普《あまね》く（すべてにわたって）賢《かしこ》い仏《ほとけ》さま」という意味です。仏の智恵《ちえ》のはたらきが慈悲《じひ》であり、それを行動でしめすのが普賢菩薩なのです。

普賢菩薩は、文殊菩薩《もんじゅぼさつ》とともに釈迦如来《しゃかにょらい》の脇侍《わきじ》としてまつられます。

6本の牙《きば》を持つ白いゾウの上に置《お》かれた蓮台《れんだい》にすわり、合掌《がっしょう》している騎象像《きぞうぞう》が一般的《いっぱんてき》です。

ゾウはインドでは神聖《しんせい》な動物とされ、白色はきよらかさのシンボルです。6本の牙《きば》は六波羅蜜《ろくはらみつ》（菩薩が仏となるための6つの修行《しゅぎょう》による徳《とく》）をあらわします。

普賢菩薩は『法華経《ほけきょう》』をとなえる修行《しゅぎょう》者《しゃ》の前にあらわれ、悪魔《あくま》から守ってくれます。また『法華経』には、それまで仏にはなれないとされていた女性《じょせい》でも悟《さと》りを得《え》て仏になれると書かれていることから、とくに女性から信仰《しんこう》されています。

たつ年・み年（へび年）の守《まも》り本尊《ほんぞん》で、「息災延命《そくさいえんめい》」「増益《ぞうやく》」のご利益《りやく》があるといわれています。

女性《じょせい》に
モテモテだよ
宝髻《ほうけい》
髪《かみ》を高く結《ゆ》いあげ、
宝冠《ほうかん》をつけている
やさしく
おだやかな表情《ひょうじょう》
合掌印《がっしょういん》
両手をあわせる
蓮台《れんだい》
六牙《ろくげ》の白象《びゃくぞう》
修行《しゅぎょう》によって大きな悟《さと》りが
得《え》られることのシンボル
十羅刹女《じゅうらせつにょ》

普賢菩薩

梵字：キリーク（千手観音）

観音さま

観音菩薩《かんのんぼさつ》

［真言］
おん ばざら たらま きりく
そわか（千手観音）

33の姿に変身して人々を救う仏さま

［変化観音《へんげかんのん》］
千手観音《せんじゅかんのん》、十一面観音《じゅういちめんかんのん》、如意輪観音《にょいりんかんのん》など
33の姿《すがた》に変身《へんしん》できる

観音菩薩《かんのんぼさつ》は、人々《ひとびと》がこの世《よ》で苦《くる》しんでいる声を聞き、いろいろな姿《すがた》に変身《へんしん》して、救《すく》いの手をさしのべてくれることから「観世音菩薩《かんぜおんぼさつ》」「観自在菩薩《かんじざいぼさつ》」といいます。『観音経《かんのんぎょう》』には33の姿に変身できるとあり、基本形《きほんけい》を「聖観音《しょうかんのん》」といいます。

「如意輪観音《にょいりんかんのん》」は、右ひざを立ててすわり、何でも願《ねが》いがかなう如意宝珠《にょいほうじゅ》を持っています。

「十一面観音《じゅういちめんかんのん》」は、頭の上にさまざまな表情《ひょうじょう》をした11の顔があり、あらゆる方向《ほうこう》を見ることができます。

さらにパワーアップしたのが「千手観音《せんじゅかんのん》」です。多くの手にさまざまなものを持ち、無限《むげん》の力で人々を救うことができます。正式《せいしき》には「千手千眼観自在菩薩《せんじゅせんがんかんじざいぼさつ》」といい、最強《さいきょう》の菩薩として「蓮華王菩薩《れんげおうぼさつ》」ともよばれます。

千手観音は、ねずみ年の守《まも》り本尊《ほんぞん》で、「諸願成就《しょがんじょうじゅ》」のご利益《りやく》があります。

西国《さいごく》三十三観音霊場《れいじょう》をはじめ、日本全国《ぜんこく》に観音菩薩をまつるお寺があります。

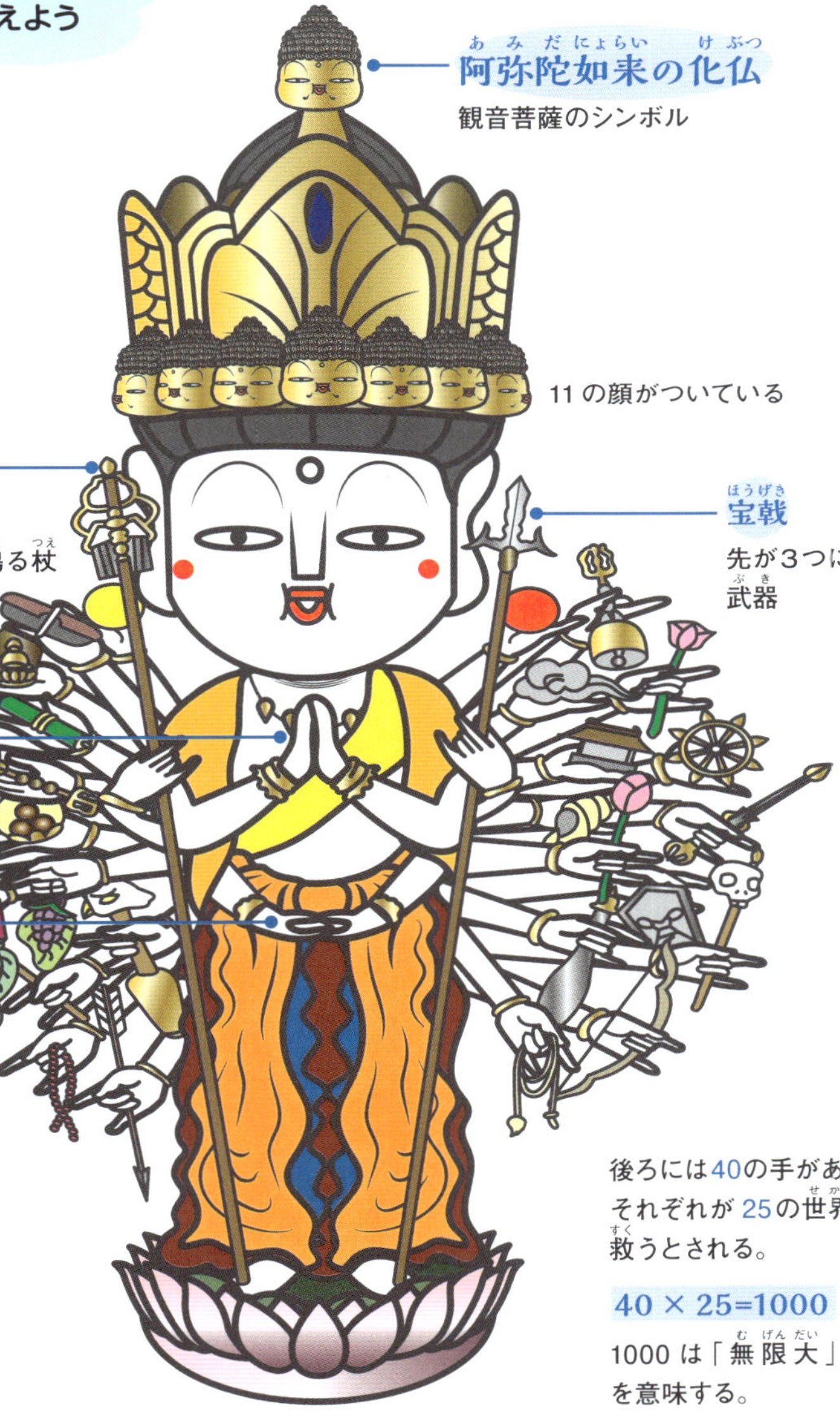

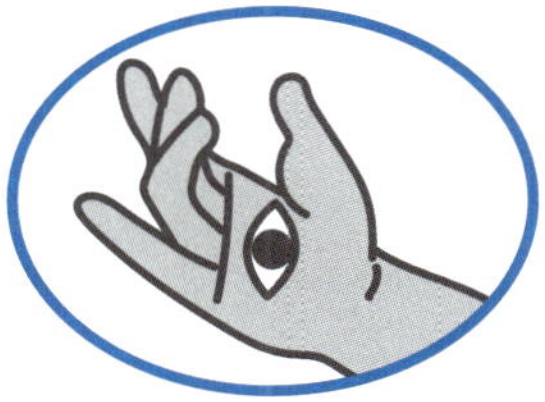

すべての手のひらに
目がついている

後ろには40の手があり、
それぞれが25の世界《せかい》を
救《すく》うとされる。

40 × 25=1000

1000は「無限大《むげんだい》」
を意味する。

千手観音

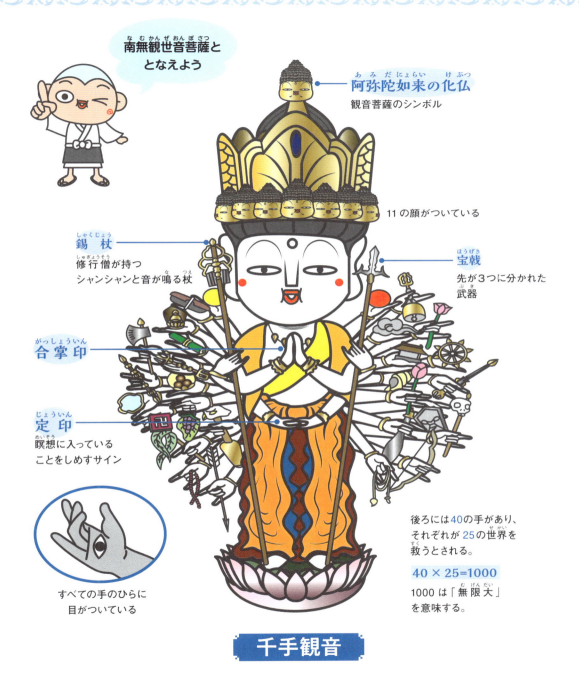

梵字：サク

勢至菩薩さま

勢至菩薩《せいしぼさつ》

【真言】おん さんざんさく そわか

偉大な智恵で人々を極楽浄土に救う仏さま

【阿弥陀三尊《あみださんぞん》】阿弥陀如来《あみだにょらい》を中心に観音菩薩《かんのんぼさつ》と勢至菩薩《せいしぼさつ》をまつる

勢至菩薩《せいしぼさつ》は、足をふみおろすと大地《だいち》がゆれるほどの威力《いりょく》を持つことから「得大《とくだい》勢至菩薩《せいしぼさつ》」「大勢至菩薩《だいせいしぼさつ》」といわれます。

慈悲《じひ》の観音菩薩《かんのんぼさつ》とともに阿弥陀如来《あみだにょらい》の脇侍《わきじ》です。勢至菩薩は、ものごとを正しく見きわめる智恵《ちえ》を持ち、その偉大《いだい》な智恵で人々《ひとびと》を迷《まよ》いや苦《くる》しみから救《すく》い、極楽《ごくらく》浄土《じょうど》にみちびいてくれるのです。

ちなみに、智恵第一といわれた法然《ほうねん》の幼名《ようめい》は「勢至丸《せいしまる》」でした。

観音菩薩の基本形《きほんけい》である聖観音《しょうかんのん》（70ページ）に似《に》ていますが、見わけるポイントは宝冠《ほうかん》に水瓶《すいびょう》がついていることです。水瓶には人々の願《ねが》いをかなえる功徳水《くどくすい》が入っているとされます。

うま年の守《まも》り本尊《ほんぞん》であり、「智恵明瞭《ちえめいりょう》」「家内安全《かないあんぜん》」「除災招福《じょさいしょうふく》」のご利益《りやく》があるといわれています。

また、勢至菩薩は月の化身《けしん》（姿《すがた》を変えてあらわれたもの）とされ、二十三夜《にじゅうさんや》に飲食《いんしょく》をともにし、お経《きょう》をとなえ、月をおがんで悪霊《あくりょう》を追いはらう行事《ぎょうじ》があります。

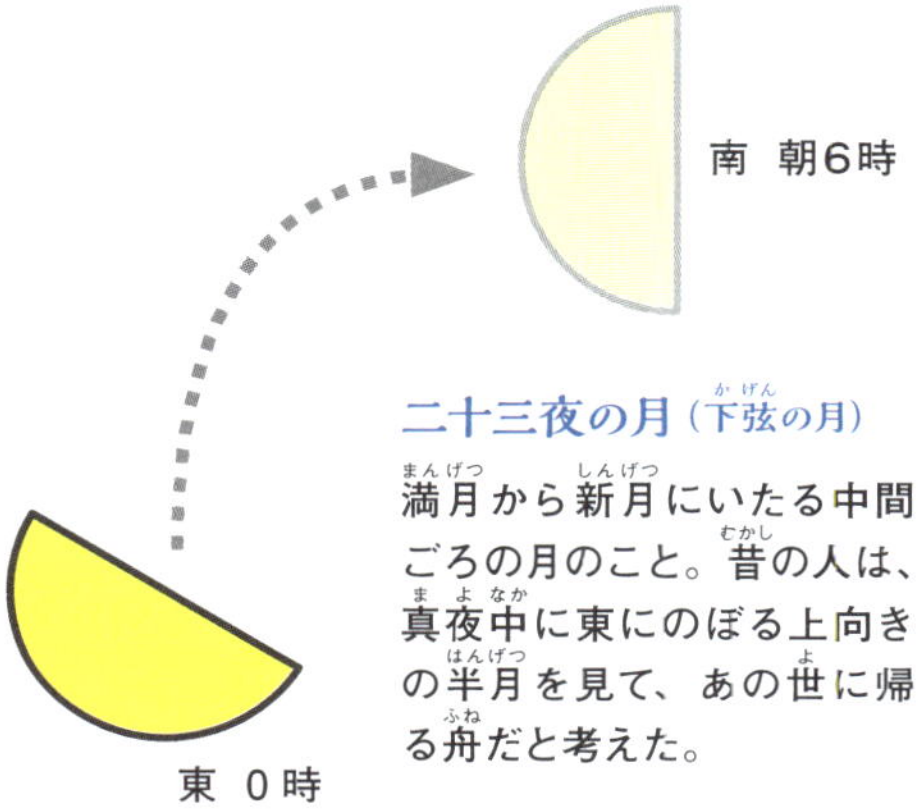

二十三夜の月（下弦《かげん》の月）

満月《まんげつ》から新月《しんげつ》にいたる中間ごろの月のこと。昔《むかし》の人は、真夜中《まよなか》に東にのぼる上向きの半月《はんげつ》を見て、あの世《よ》に帰る舟《ふね》だと考えた。

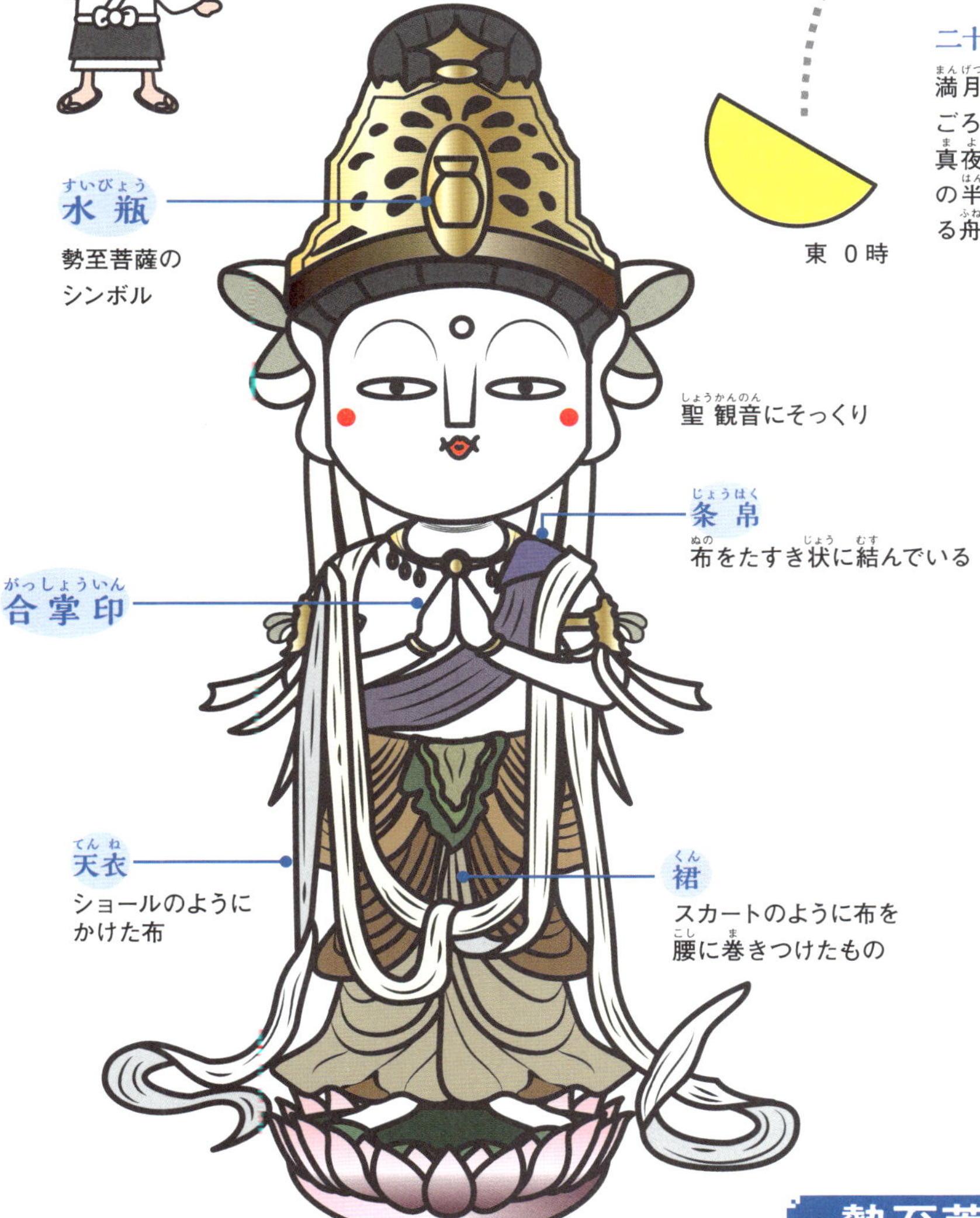

勢至菩薩

梵字：カ

お地蔵さま

地蔵菩薩《じぞうぼさつ》

［真言］おん かかかか びさんまえい そわか

苦難の身代わりとなって救ってくれる仏さま

［眷属《けんぞく》］掌善童子《しょうぜんどうじ》と掌悪童子《しょうあくどうじ》

地蔵菩薩《じぞうぼさつ》は、すべての命をはぐくむ大《だい》地《ち》のように大きな慈悲《じひ》の心で人々《ひとびと》を包《つつ》みこみ、いつも見守ってくれている仏《ほとけ》さまです。

お釈迦《しゃか》さまから、弥勒仏《みろくぶつ》がこの世《よ》にあらわれるまで人々を救《すく》いつづけるようたのまれたといわれ、頭を丸めたお坊《ぼう》さんの姿《すがた》で宝珠《ほうじゅ》と錫杖《しゃくじょう》を持っています。

「かさじぞう」の昔話《むかしばなし》で知られる六地蔵は、それぞれが六道《ろくどう》（地獄道《じごくどう》・餓鬼道《がきどう》・畜生道《ちくしょうどう》・修羅道《しゅらどう》・人道《にんどう》・天道《てんどう》）の世界《せかい》を担当《たんとう》し、自《みずか》ら苦難《くなん》の身代《みが》わりとなることで人々を救います。

おさない子どもが親よりも先に亡《な》くなるのは最《もっと》も親不孝《おやふこう》なことであり、その子どもは地獄に落ちるとされていたことから、子どもの守護《しゅご》を願《ねが》って道ばたのお地蔵さんに「赤いよだれかけ」がかけられるようになりました。

「延命《えんめい》」「無病息災《むびょうそくさい》」「五穀豊穣《ごこくほうじょう》」「子《こ》授《さず》け・安産祈願《あんざんきがん》」「水子供養《みずこくよう》」「先祖供養《せんぞくよう》」など、さまざまなご利益《りやく》があります。

地蔵菩薩

掌悪童子《しょうあくどうじ》
煩悩《ぼんのう》を打《う》ちくだくための
金剛杵《こんごうしょ》を持つ

掌善童子《しょうぜんどうじ》
きよらかさをあらわす
白蓮華《びゃくれんげ》を持つ

梵字：タラーク

虚空蔵さま

虚《こ》空《くう》蔵《ぞう》菩《ぼ》薩《さつ》

［真言］
おん　ばざら　あらたんのう
おん　たらく　そわか

［五大虚空蔵菩薩］
法界《ほうかい》虚空蔵《こくうぞう》を中心に、金剛《こんごう》虚空蔵、蓮華《れんげ》虚空蔵、宝光《ほうこう》虚空蔵、業用《ごうよう》虚空蔵をまつる

**広大な宇宙のような
無限の智恵と
福徳を持つ仏さま**

虚空蔵菩薩《こくうぞうぼさつ》は密教《みっきょう》の仏《ほとけ》さまです。金剛《こんごう》界《かい》五《ご》智《ち》如来《にょらい》の化仏《けぶつ》がついた宝冠《ほうかん》をかむり、如意宝珠《にょいほうじゅ》を持っています。

また、金剛界五智如来の化身《けしん》が「五大虚空蔵菩薩」とされます。

虚空蔵菩薩の名は宇宙《うちゅう》のような無限《むげん》の智恵《ちえ》と福徳《ふくとく》がつまっている貯蔵庫《ちょぞうこ》を意味し、その智恵は記憶力《きおくりょく》を増《ま》し、技能《ぎのう》や芸《げい》術《じゅつ》の知識《ちしき》にもおよびます。

弘法大師《こうぼうだいし》（空海《くうかい》）は若《わか》いころ、虚空蔵菩薩の名を１００万回となえる「虚空蔵菩薩求聞持法《ぐもんじほう》」という修行《しゅぎょう》によって超人《ちょうじん》的《てき》な記憶力《きおくりょく》を身につけました。

また、日蓮《にちれん》も日本一の智恵を授《さず》けてくれるよう虚空蔵菩薩のお堂《どう》に21日間こもり祈願《きがん》しました。

いまも「十三詣《まい》り」といって13歳《さい》になるとき虚空蔵菩薩にお参《まい》りする風習《ふうしゅう》が各地に残っています。

うし年・とら年の守《まも》り本尊《ほんぞん》で、「滅罪《めつざい》招福《しょうふく》」「頭脳明晰《ずのうめいせき》」「記憶力増進《きおくりょくぞうしん》」「技《ぎ》芸向上《げいこうじょう》」のご利益《りやく》があります。

十三詣《まい》りは毎年
4月13日だよ
宝冠《ほうかん》
金剛界五智如来《こんごうかいごちにょらい》の
化仏《けぶつ》がついている
瓔珞《ようらく》（胸かざり）
臂釧《ひせん》（腕かざり）
如意宝珠《にょいほうじゅ》
何でも願《ねが》いがかなう
腕釧《わんせん》（腕輪）
与願印《よがんいん》
「願いをかなえてあげるよ」
というサイン

虚空蔵菩薩

梵字：カーン

お不動さま

不動明王《ふどうみょうおう》

【真言】のうまく さんまんだ ばざらだん かん

大日如来《だいにちにょらい》の化身《けしん》

【眷属《けんぞく》】矜羯羅童子《こんがらどうじ》と制吒迦童子《せいたかどうじ》をはじめとする八大金剛童子《こんごうどうじ》

不動明王《ふどうみょうおう》は、明王のなかで最《もっと》もえらい仏《ほとけ》さまです。

なぜなら、全宇宙《ぜんうちゅう》をつかさどる大日如《だいにちにょ》来《らい》の化身《けしん》（姿《すがた》を変えてあらわれたもの）であるとされているからです。

大日如来の脇侍《わきじ》としてまつられます。炎《ほのお》を背《せ》おい、ごつごつとした岩の台座《だいざ》に、どっしりとすわる、あるいは立った姿から「お不動さま」とよばれます。

不動とは、人々《ひとびと》の苦《くる》しみを救《すく》いたいという決意《けつい》がけっしてゆるがないことをあらわしています。

言うことを聞かない子どもをしかりつけて、正しい道に進ませようとするお父さんのような存在《そんざい》です。ですから、いかりの表情《ひょうじょう》で、宝剣《ほうけん》を持っているのです。

煩悩《ぼんのう》をとりのぞき、ふりかかる災《わざわ》いを打《う》ちくだいて、私《わたし》たちを守ってくれるたのもしい仏さまです。

とり年の守《まも》り本尊《ほんぞん》で、「悪魔退散《あくまたいさん》」「修行者守護《しゅぎょうしゃしゅご》」「除災招福《じょさいしょうふく》」「家内安全《かないあんぜん》」「国家安泰《こっかあんたい》」のご利益《りやく》があります。

こわい顔をしているけど
心はやさしいんだね
蓮華《れんげ》
仏の印《しるし》
宝剣《ほうけん》
大日如来の智恵《ちえ》を
あらわす
炎《ほのお》で煩悩《ぼんのう》を焼《や》きつくす
弁髪《べんぱつ》（おさげ髪）
いかりの表情《ひょうじょう》
羂索《けんさく》
人々を救うための縄《なわ》
瑟々座《しつしつざ》
不動明王の台座《だいざ》
不動明王
やんちゃな
制吒迦童子《せいたかどうじ》
やさしい心の
矜羯羅童子《こんがらどうじ》

梵字：マ

孔雀明王《くじゃくみょうおう》

［真言］
おん まゆら
きらんでい そわか

毒を消して安楽をもたらす仏さま

［所属《しょぞく》］
千手観音《せんじゅかんのん》に仕《つか》える二十八部衆《にじゅうはちぶしゅう》

インドでは古来《こらい》、クジャクは猛毒《もうどく》を持つコブラやサソリを食べることから神聖《しんせい》な鳥とされてきました。そこから密教《みっきょう》の仏《ほとけ》さまとなり、人々《ひとびと》の苦悩《くのう》や災《わざわ》いをとりのぞく孔雀明王《くじゃくみょうおう》が誕生《たんじょう》しました。

煩悩《ぼんのう》の三毒《さんどく》（むさぼり・いかり・おろかさ）を食《く》らい、「病気平癒《びょうきへいゆ》」「延命《えんめい》」などのご利益《りやく》があるとされます。

また、インドで雨を知らせる吉鳥《きっちょう》であることから雨乞《あまご》いの仏さまともされます。明王のなかで唯一《ゆいいつ》の女神《めがみ》である孔雀明王は「仏母大孔雀明王菩薩《ぶつもだいくじゃくみょうおうぼさつ》」ともよばれ、菩薩《ぼさつ》のようなやさしい顔をしています。

美《うつく》しい羽《はね》を大きくひろげたクジャクの上に置《お》かれた蓮台《れんだい》にのり、4本の腕《うで》があります。その手には、吉祥果《きちじょうか》（ザクロに似《に》た実）、倶縁果《ぐれんか》（レモンに似た実）、蓮華《れんげ》を持っています。これらは「調伏《ちょうぶく》＝悪《あく》をいましめる」「息災《そくさい》＝災いをはらう」「増益《ぞうやく》＝ご利益《りやく》を増《ま》す」「敬愛《けいあい》＝尊敬《そんけい》と親しみ」のシンボルです。

悪《あく》を食《く》いつくし、恵《めぐ》みの
雨をもたらす仏《ほとけ》さまだよ

クジャク
インドで神聖《しんせい》な鳥と
されている
菩薩《ぼさつ》のような
やさしい顔
クジャクの羽《はね》
災《わざわ》いをはらう
倶縁果《ぐれんか》（レモンに似た実）
ご利益《りやく》を増《ま》す
蓮台《れんだい》
吉祥果《きちじょうか》（ザクロに似た実）
悪《あく》をいましめる
蓮華《れんげ》
尊敬《そんけい》と親しみを
あらわす

孔雀明王

梵字：ウン

うすさま

烏芻沙摩明王《うすさまみょうおう》

［真言］
おん　しゅり　まり　ままり
まりしゅしゅり　そわか

［所属］
不動明王《ふどうみょうおう》に仕《つか》える五大明王《ごだいみょうおう》の一人

いっさいのよごれを焼きつくすトイレの仏さま

烏芻沙摩明王《うすさまみょうおう》は「うすさま」とよばれ、「烏芻沙摩《うすさま》」「烏枢沙摩《うすさま》」「烏枢瑟摩《うすさま》」「烏《う》芻瑟摩《すさま》」「烏瑟娑摩《うすさま》」とも書かれます。

もともとはインドの火の神さまで、いっさいのきたないものを焼《や》きつくし、きれいなものに変える力があります。

炎《ほのお》に包《つつ》まれて全身《ぜんしん》が赤く、髪《かみ》は逆立《さかだ》ち、いかりの顔で片足《かたあし》を大きくあげて立つ姿《すがた》が一般的《いっぱんてき》です。

密教《みっきょう》では「不浄潔金剛《ふじょうけつこんごう》」「火頭金剛《かとうこんごう》」とよばれ、五大明王《ごだいみょうおう》の一人ともされます。

禅宗《ぜんしゅう》のお寺ではトイレの前にまつられています。お坊さんはかならず両手をあわせたのち、神聖《しんせい》な袈裟《けさ》をはずしてトイレに入ります。

昔《むかし》はトイレから伝染病《でんせんびょう》が拡大《かくだい》しがちだったことから、庶民《しょみん》にも「トイレの神さま」として伝《つた》わり、お寺からお札《ふだ》をいただいてトイレにはる風習《ふうしゅう》があります。

金運《きんうん》が上がる、年をとっても自分でトイレに行けるなどのご利益《りやく》があるといわれています。

足もとにいる毘那夜迦《びなやか》は
心をあらためて
歓喜天《かんぎてん》になったよ
炎《ほのお》で悪《あく》を焼《や》きつくし、
善《ぜん》に変える。
焔髪《えんぱつ》
燃《も》えるように逆立《さかだ》つ髪《かみ》
片足《かたあし》をあげて
毘那夜迦を
こらしめている。
持ち物は
決まっていない
毘那夜迦《びなやか》
お釈迦《しゃか》さまの説法《せっぽう》を
ジャマする悪神《あくしん》
岩座《いわざ》

烏芻沙摩明王

梵字：ボラ

梵天さま

梵天《ぼんてん》

すべての始まりである宇宙をつくった最高神

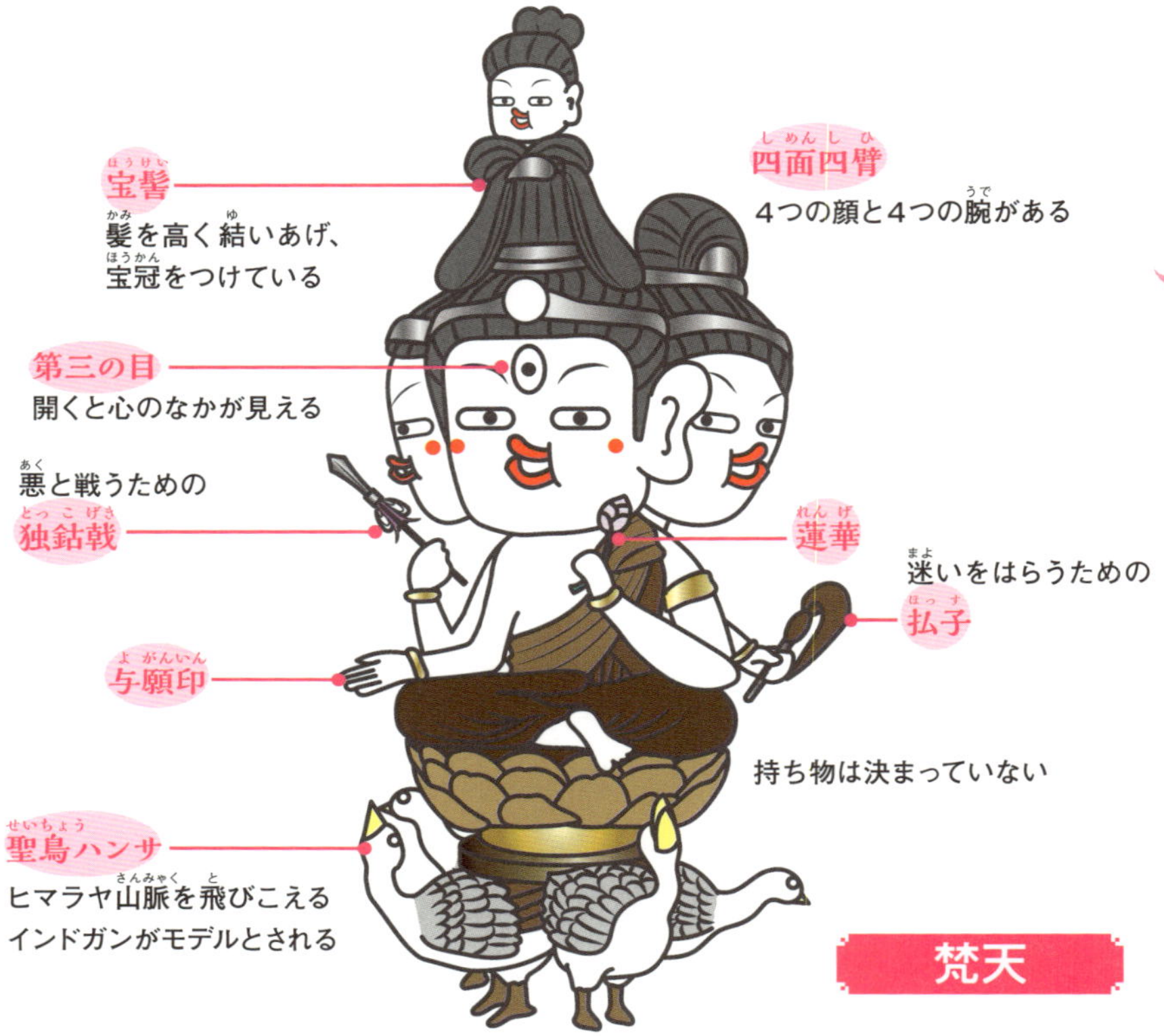
宝髻《ほうけい》
髪《かみ》を高く結《ゆ》いあげ、
宝冠《ほうかん》をつけている
第三の目
開くと心のなかが見える
悪《あく》と戦うための
独鈷戟《とっこげき》
与願印《よがんいん》
聖鳥《せいちょう》ハンサ
ヒマラヤ山脈《さんみゃく》を飛《と》びこえる
インドガンがモデルとされる
四面四臂《しめんしひ》
4つの顔と4つの腕《うで》がある
蓮華《れんげ》
迷《まよ》いをはらうための
払子《ほっす》
持ち物は決まっていない
梵天

梵天《ぼんてん》は、インドではお釈迦《しゃか》さまが仏《ぶっ》教《きょう》を開く前から、宇宙《うちゅう》をつくった最高神《さいこうしん》ブラフマーとして信仰《しんこう》されていました。

梵天は、お釈迦さまがこの世《よ》に誕生《たんじょう》したことをよろこび、仏《ほとけ》の真理《しんり》を悟《さと》ったときにその教えを人々《ひとびと》に説《と》くようたのんだといわれています。そのため、仏教の守《しゅ》護神《ごしん》として天界《てんかい》の神々《かみがみ》の最高位《さいこうい》に位置《いち》づけられました。

梵天は、次のページに紹介する帝釈《たいしゃく》天《てん》とともに、釈迦如来《しゃかにょらい》の脇侍《わきじ》としてまつられます。中国風《ふう》の衣裳《いしょう》を着て立つ像《ぞう》と、4羽《わ》の白い聖鳥《せいちょう》ハンサの上にすわっている密教《みっきょう》の梵天像があります。

梵字：イー

天帝《てんてい》さま

帝釈天《たいしゃくてん》

梵天とともに仏教を守護する天帝

宝髻《ほうけい》
髪《かみ》を高く結《ゆ》いあげ、宝冠《ほうかん》をつけている
第三の目
開くと心のなかが見える
独鈷杵《とっこしょ》
カミナリとイナズマをあやつる
インドでは、ゾウが水をふきかけて雲をつくり、インドラが雨をふらせるという。
白象《びゃくぞう》
帝釈天

帝釈天《たいしゃくてん》は、インド神話《しんわ》に登場《とうじょう》する最《さい》強《きょう》の軍神《ぐんしん》インドラが仏教《ぶっきょう》の守護神《しゅごしん》となりました。世界《せかい》の中心にそびえる須弥山《しゅみせん》の頂上《ちょうじょう》にある宮殿《きゅうでん》に住む天帝《てんてい》であり、四《し》天王《てんのう》ほかたくさんの家来《けらい》がいます。その一人である広目天《こうもくてん》から人々《ひとびと》の善悪《ぜんあく》のおこないについて報告《ほうこく》を受け、梵天《ぼんてん》に伝《つた》える役目《やくめ》を持っています。

梵天とともに、釈迦如来《しゃかにょらい》の脇侍《わきじ》としてまつられます。古くは中国風《ふう》の衣裳《いしょう》を着て立つ像《ぞう》でした。梵天とのちがいは、衣裳の下に甲冑《かっちゅう》をつけていることです。密《みっ》教《きょう》の帝釈天像は甲冑姿《すがた》で、白いゾウに乗っています。

多聞天《たもんてん》こと毘沙門天《びしゃもんてん》は
七福神《しちふくじん》の一人だよ

四天王《してんのう》

帝釈天《たいしゃくてん》に仕え、須弥山《しゅみせん》の四方を守る

須弥山《しゅみせん》の中腹《ちゅうふく》の四天王天《してんのうてん》に住み、四方《しほう》を守る4人を四天王《してんのう》とよびます。足もとの邪鬼《じゃき》（悪魔《あくま》）は、こらしめられて家来《けらい》となり、自《みずか》ら台座《だいざ》の代わりになったといわれます。

北
を守る
宝塔《ほうとう》
お釈迦《しゃか》さまの骨《ほね》をまつっている
宝棒《ほうぼう》
甲冑《かっちゅう》
グゥ

多聞天《たもんてん》 別名「毘沙門天《びしゃもんてん》」

仏の教えを最《もっと》も多く聞き、四天王のなかで最強《さいきょう》の力を持つ。

東
を守る

持国天《じこくてん》

国土《こくど》を支《ささ》え、国家安泰《こっかあんたい》の役目《やくめ》を持つ。

西
を守る

広目天《こうもくてん》

すべてを見通し、帝釈天《たいしゃくてん》に報告《ほうこく》する役目を持つ。

南
を守る

増長天《ぞうちょうてん》

成長《せいちょう》をつかさどり、五穀豊穣《ごこくほうじょう》の徳《とく》を持つ。

梵字：ア

阿《あ》修《しゅ》羅《ら》

［真言］
のうまく さんまんだ ぼだなん らたんらたと ばらん たん

3つの顔は人間の心の成長をあらわしている

［所属《しょぞく》］
天竜八部衆《てんりゅうはちぶしゅう》

阿修羅《あしゅら》は、お釈迦《しゃか》さまの説法《せっぽう》のジャマをする悪神《あくしん》でしたが、教えを聞いて心をあらため、仏教《ぶっきょう》の守護神《しゅごしん》になりました。

阿修羅はインド神話《しんわ》によれば、大地《だいち》に恵《めぐ》みをあたえるいっぽう、大地を干上《ひあ》がらせるアスラという神の一族《いちぞく》でした。

阿修羅王には娘《むすめ》がおり、その娘をインドラ（帝釈天《たいしゃくてん》）にうばわれたため戦《たたか》って天界《てんかい》を追われてしまいます。それでも戦いつづけたといわれます。

仏教では、阿修羅王が落ちた争《あらそ》いやいかりの絶《た》えない世界《せかい》を「修羅道《しゅらどう》」といい、人間が死後《しご》に生まれ変わる六道《ろくどう》の一つとされます。

奈良《なら》の興福寺《こうふくじ》の阿修羅像《ぞう》は、3つの顔と6本の腕《うで》を持っています。右が感情《かんじょう》をおさえきれない反抗期《はんこうき》の顔、左が過《あやま》ちに気づき悩《なや》みはじめた思春期《ししゅんき》の顔、そして正面《しょうめん》は、お釈迦さまの教えを聞いて正しい道を知り、はずかしさをふくんだ顔とされます。赤い肌《はだ》は、戦いの神であることをしめしています。

阿修羅《あしゅら》はキミの心にもいるよ

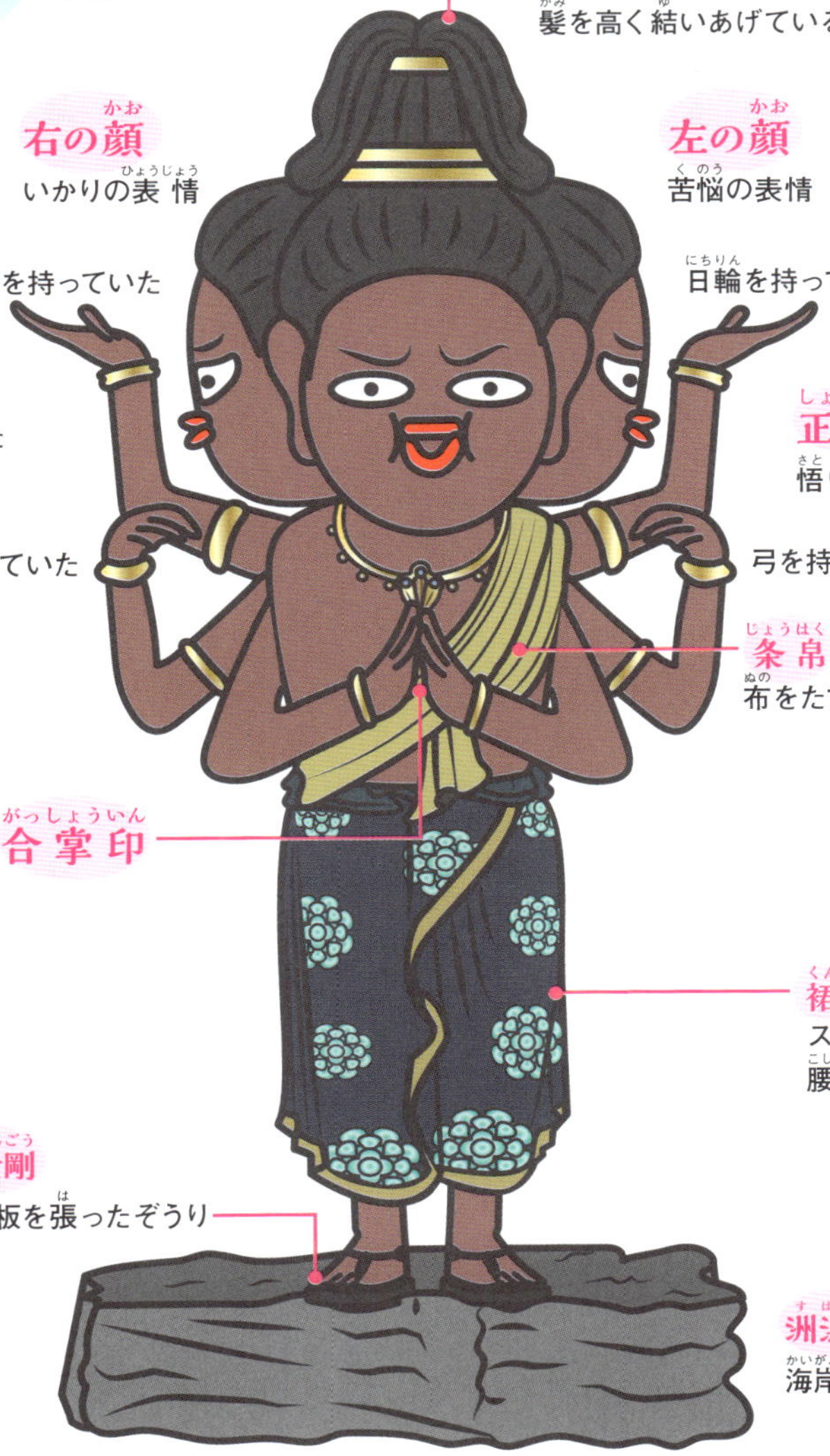
髻《もとどり》
髪《かみ》を高く結《ゆ》いあげている
右の顔《かお》
いかりの表情《ひょうじょう》
左の顔《かお》
苦悩《くのう》の表情
月輪《がちりん》を持っていた
日輪《にちりん》を持っていた
アクセサリーは身分《みぶん》が高かったことをしめす。
正面《しょうめん》の顔《かお》
悟《さと》りの表情
矢を持っていた
弓を持っていた
条帛《じょうはく》
布《ぬの》をたすき状に結《むす》んでいる
合掌印《がっしょういん》
裙《くん》
スカートのように布を腰《こし》に巻《ま》きつけたもの
板金剛《いたこんごう》
裏《うら》に板を張《は》ったぞうり
洲浜座《すはまざ》
海岸《かいがん》の砂浜《すなはま》をあらわす

阿修羅

梵字：ギャクギャク

お聖天《しょうでん》さま

歓喜天《かんぎてん》

［真言］
おん きりく ぎゃく うん そわか

ご利益は絶大だが、約束をやぶるとおそろしい仏さま

［所属《しょぞく》］
ヒマラヤ山脈《さんみゃく》の最《もっと》も高い山に住み、9800の家来《けらい》がいる

歓喜天《かんぎてん》は、インド神話《しんわ》に登場《とうじょう》する破壊《はかい》と創造《そうぞう》をつかさどるシヴァ神《しん》（大自在天《だいじざいてん》）を父に持つ仏《ほとけ》さまです。もとは欲《よく》望《ぼう》を起こさせて修行者《しゅぎょうしゃ》のジャマをする毘那夜迦《びなやか》という悪神《あくしん》（83ページ）でしたが、十一面観音《じゅういちめんかんのん》（十一面観自在菩薩《かんじざいぼさつ》）にさとされて仏教《ぶっきょう》の守護神《しゅごしん》となりました。正《せい》式《しき》な名を「大聖歓喜大自在天《だいしょうかんぎだいじざいてん》」ということから「お聖天《しょうでん》さま」とよばれます。

インドでは、財運《ざいうん》・福運《ふくうん》をもたらすガネーシャ神として信仰《しんこう》されています。

日本では、ゾウの頭をした男女2天がだきあう姿《すがた》の仏像《ぶつぞう》が秘仏《ひぶつ》としてまつられ、見ることはできません。男天《なんてん》がガネーシャ神、女天《にょてん》が十一面観音の化身《けしん》とされ、「夫婦和合《ふうふわごう》」「子授《こさず》け」のご利益《りやく》があるといわれています。

歓喜天の大好物《だいこうぶつ》は大根《だいこん》。「願《ねが》いがかなうまで大根を食べません」と願《がん》かけすれば同情《どうじょう》して願いをかなえてくれますが、その約束《やくそく》をやぶると災《わざわ》いをなすおそろしい仏さまです。

女天《にょてん》
十一面観音《じゅういちめんかんのん》とされる

男天《なんてん》
ガネーシャ神《しん》とされる

おそなえもののお下がりをいただくことで体内《たいない》の毒《どく》や心の迷《まよ》いを消すことができるよ

女天が男天の足をふみつけて、
悪《あく》の心をいましめている。

歓喜天

大根《だいこん》
歓喜天の好物《こうぶつ》

白色は無病息災《むびょうそくさい》のシンボル

歓喜団《かんぎだん》
油で揚《あ》げた
あまいお菓子《かし》

巾着型《きんちゃくがた》は福徳円満《ふくとくえんまん》のシンボル

梵字：ウン

訶梨帝母《かりていも》

鬼子母神《きしもじん》

［真言］おん どどまり ぎゃきてぃ そわか

子どもをとって食う鬼女から安産・子育ての善神となった

［所属《しょぞく》］千手観音《せんじゅかんのん》に仕《つか》える二十八部衆《にじゅうはちぶしゅう》

鬼子母神《きしもじん》の名前は、古代インドの言葉《ことば》でハーリティといい、その発音から「訶《か》梨帝母《りていも》」ともよばれます。もとはおそろしい鬼女《きじょ》でした。500人（1000人とも1万人ともいわれる）の子どもがいましたが、他人《たにん》の子どもをとって食《く》っていたのです。

そこでお釈迦《しゃか》さまは鬼女の末《すえ》っ子《こ》をかくし、「おまえにはたくさんの子どもがいるのに1人がいなくなっただけでそんなに悲《かな》しんでいる。子どもをとって食われた親の気持《きも》ちがわかっただろう」と言って、末っ子を返《かえ》してやりました。鬼女は、それから心をすっかり入れかえて安産《あんざん》・子育ての守護神《しゅごしん》となりました。

鬼子母神の像《ぞう》は2種類《しゅるい》あります。左の絵は、安産・子育ての守護神として、やさしい顔で赤ちゃんをだき、ザクロの実に似《に》た吉祥果《きちじょうか》を持っている像です。

このほかに、『法華経《ほけきょう》』をとなえる修《しゅ》行者《ぎょうじゃ》の守護神として、おそろしい顔で合掌《がっしょう》する鬼女の像があります。

やさしい
お母さんの顔だね

吉祥《きちじょう》果《か》
魔除《まよ》け、子宝《こだから》、豊穣《ほうじょう》のシンボル
末《すえ》っ子《こ》をだいている
荷《か》葉《しょう》座《ざ》
ハスの葉《は》をふせた形をしている

鬼子母神

梵字：ア
（阿形像）

梵字：ウン
（吽形像）

仁王《におう》さま

金剛力士《こんごうりきし》

[真言]
おん うん そわか

山門の両わきに立ち、悪を打ちくだく仏さま

[所属《しょぞく》]
千手観音《せんじゅかんのん》に仕える二十八部衆《にじゅうはちぶしゅう》

お寺にお参《まい》りすると、山門《さんもん》の両わきに筋肉《きんにく》ムキムキではげしいいかりの表情《ひょうじょう》をした仏像《ぶつぞう》があります。これらが金剛力士《こんごうりきし》です。2体あることから「仁王《におう》さま」とよばれています。

金剛力士とは、金剛杵《こんごうしょ》（古代インドの武器《ぶき》）を持つ者を意味します。金剛杵で悪《あく》を打《う》ちくだき、仏教《ぶっきょう》の聖域《せいいき》を守っているのです。もともとは「執金剛神《しゅうこんごうしん》」とよばれ、1人でその役目《やくめ》をはたしていたようです。

「ア」と大きく口を開《あ》けたほうを阿形《あぎょう》像《ぞう》、「ウン」と口を閉《と》じているほうを吽《うん》形像《ぎょうぞう》といいます。

「ア」と「ウン」は、すべての「始まり」と「終わり」をあらわしているとされます。日本語の五十音が「あ」で始まり「ん」で終わるのも、古代インドの言葉《ことば》に関係《かんけい》しています。

また金剛力士には、「身体健全《しんたいけんぜん》」「健脚《けんきゃく》」のご利益《りやく》があるとされ、大きなわらじが奉納《ほうのう》されています。

阿形像《あぎょうぞう》

口を開《あ》けた姿《すがた》で、「真実《しんじつ》をみつめよ」と、
左手から陰《いん》（マイナス）のパワーを発する。

吽形像《うんぎょうぞう》

口を閉《と》じた姿で、「迷《まよ》いを断《た》ち切れ」と、
右手から陽《よう》（プラス）のパワーを発する。

七福神《しちふくじん》

インド・中国・日本の福の神が大集合

七福神《しちふくじん》は「七難即滅《しちなんそくめつ》 七福即生《しちふくそくしょう》（七難《しちなん》が滅《めっ》すれば七福《しちふく》が生《しょう》じる）」というお経《きょう》の言葉《ことば》に由来《ゆらい》します。江戸《えど》時代に「七福神めぐり」がおこなわれるようになりました。

恵比寿天《えびすてん》

ご利益《りやく》：大漁《たいりょう》・商売繁盛《しょうばいはんじょう》

日本古来《こらい》の福の神。国産《う》みの神であるイザナギとイザナミの最初《さいしょ》の子ともいわれる。

えびす顔《がお》
（ふくよかな笑顔）
釣竿《つりざお》
鯛《たい》

大黒頭巾《だいこくずきん》
ふると望《のぞ》むものが出てくる
打出の小槌《うちでのこづち》
米俵《こめだわら》
福袋《ふくぶくろ》
人望《じんぼう》などの目に見えない
福徳《ふくとく》が入っている

大黒天《だいこくてん》

ご利益《りやく》：五穀豊穣《ごこくほうじょう》

インド神話の「大《おお》いなる暗黒《あんこく》」を意味するシヴァ神《しん》と、日本神話のオオクニヌシノミコトが合体《がったい》したといわれる。

毘沙門天《びしゃもんてん》

ご利益《りやく》：財運《ざいうん》・勝負運《しょうぶうん》

四天王《してんのう》の一人、多聞天《たもんてん》と同じ。戦《たたか》いの神として中国・日本に伝わった。

寿老人《じゅろうじん》

桃《もも》
不老長寿のシンボル
頭巾《ずきん》

ご利益《りやく》：不老長寿《ふろうちょうじゅ》

世の中が平和《へいわ》なときにしか姿《すがた》を見せないという中国の仙人《せんにん》。南極星《なんきょくせい》の化身《けしん》とされる。

※福禄寿と寿老人は同じ人物ともされ、姿が入れかわって描かれることもある。

琵琶《びわ》

長い頭
人の寿命《じゅみょう》を記《しる》した巻物《まきもの》

福禄寿《ふくろくじゅ》

ご利益《りやく》：子孫繁栄《しそんはんえい》・財運招福《ざいうんしょうふく》・無病息災《むびょうそくさい》

福は「子宝《こだから》」、禄は「お金」、寿は「長寿《ちょうじゅ》」という人生の3つの幸せを意味する。

弁才天《べんざいてん》

ご利益《りやく》：学才《がくさい》・諸芸上達《しょげいじょうたつ》

インド神話の水の女神《めがみ》。恵《めぐ》みをあたえる川の流れの音から、音楽・話術《わじゅつ》の神となった。

このメンバーになったのは江戸《えど》時代だよ

布袋尊《ほていそん》

ご利益《りやく》：福徳円満《ふくとくえんまん》

お布施《ふせ》でいただいたものを必要《ひつよう》な人に分けあたえたという中国の修行僧《しゅぎょうそう》がモデル。弥勒菩薩《みろくぼさつ》の化身《けしん》とされる。

頭陀袋《ずだぶくろ》
心の広さから「堪忍袋《かんにんぶくろ》」ともいわれる
耳たぶが大きい
福耳《ふくみみ》
中国風《ふう》のうちわ
太鼓腹《たいこばら》

天竜八部衆《てんりゅうはちぶしゅう》・二十八部衆《にじゅうはちぶしゅう》

如来や菩薩に仕える眷属たち

天竜八部衆《てんりゅうはちぶしゅう》は、古代インドの神々《かみがみ》が、お釈迦《しゃか》さまの教えを聞いて仏教《ぶっきょう》の守護神《しゅごしん》となったとされます。二十八部衆《にじゅうはちぶしゅう》は、千手観音《せんじゅかんのん》を信仰《しんこう》する人々《ひとびと》を守る28の神々です。天竜八部衆とも重《かさ》なり、それぞれ５００の部下をしたがえているといわれます。しかし、眷属《けんぞく》たちの名前や姿《すがた》は、お経《きょう》によってちがっていて正確《せいかく》にはわかりません。

イラストで紹介《しょうかい》した
天《てん》の仏《ほとけ》さまがいるよ！
さがしてみよう

天竜八部衆

天《てん》	梵天《ぼんてん》、帝釈天《たいしゃくてん》をはじめとする天の神々。
竜《りゅう》	竜神《りゅうじん》たち。水中に住む。八大竜王《はちだいりゅうおう》が有名。インド神話の竜神《りゅうじん》ナーガ。
夜叉《やしゃ》	鬼神《きしん》たち。空中を飛行《ひこう》する。十二神将《じゅうにしんしょう》が有名。
阿修羅《あしゅら》	インド神話の戦《たたか》いの神アスラ。修羅道《しゅらどう》に住む。
乾闥婆《けんだつば》	音楽をかなでる音楽神《おんがくしん》。帝釈天の部下。インド神話では、神々が飲むお酒の番人で、香《かお》りだけを食べる。
緊那羅《きんなら》	美しい歌声を持ち、舞《まい》をまう音楽神。帝釈天の部下。インド神話では、頭部《とうぶ》は人間で、体が馬または鳥の姿。
摩睺羅伽《まごらか》	ヘビの頭を持つ音楽神。帝釈天の部下。インド神話では、大蛇《だいじゃ》の化身《けしん》。
迦楼羅《かるら》	ワシの頭と金色の翼《つばさ》、するどい爪《つめ》を持ち、災《わざわ》いをはらう神。インド神話では、毒《どく》ヘビを食《く》らい、口から火をはく。

二十八部衆

大梵天王《だいぼんてんおう》	梵天《ぼんてん》のこと。 インド神話の最高神《さいこうしん》ブラフマー。
帝釈天王《たいしゃくてんおう》	帝釈天《たいしゃくてん》のこと。 インド神話の軍神《ぐんしん》インドラ。
摩和羅女《まわらにょ》	地天《ちてん》。インド神話の大地《だいち》の女神《めがみ》プリティヴィー。インドラ（帝釈天）の母。
摩醯首羅王《まけいしゅらおう》	大自在天《だいじざいてん》。インド神話の破壊《はかい》と創造《そうぞう》の神シヴァ。ガネーシャ（歓喜天《かんぎてん》）の父。
大弁功徳天《だいべんくどくてん》	吉祥天《きちじょうてん》。毘沙門天《びしゃもんてん》の妻《つま》。 弁才天《べんざいてん》ともされる。
東方天《とうほうてん》	持国天《じこくてん》のこと。四天王《してんのう》の一人。
毘楼勒叉天《びるろくしゃてん》	増長天《ぞうちょうてん》のこと。四天王の一人。
毘楼博叉天《びるばくしゃてん》	広目天《こうもくてん》のこと。四天王の一人。
毘沙門天《びしゃもんてん》	多聞天《たもんてん》のこと。四天王の一人。
金色孔雀王《こんじきくじゃくおう》	孔雀明王《くじゃくみょうおう》のこと。
難陀龍王《なんだりゅうおう》	八大竜王《はちだいりゅうおう》のトップ。八部衆。
沙羯羅龍王《しゃがらりゅうおう》	八大竜王の一人。竜宮城《りゅうぐうじょう》の主《ぬし》。 八部衆。
金毘羅王《こんぴらおう》	宮比羅大将《くびらたいしょう》。八部衆。薬師如来《やくしにょらい》に仕える十二神将《じゅうにしんしょう》の一人。
毘婆迦羅王《びばからおう》	毘羯羅大将《びからたいしょう》。八部衆。薬師如来に仕える十二神将の一人。
金大王《こんだいおう》	宝顕夜叉《ほうけんやしゃ》。八部衆。 毘沙門天《びしゃもんてん》に仕《つか》える八大夜叉《はちだいやしゃ》の一人。
満仙王《まんせんおう》	満顕夜叉《まんけんやしゃ》。八部衆。 毘沙門天に仕える八大夜叉の一人。
散脂大将《さんしたいしょう》	散脂夜叉《さんしやしゃ》。八部衆。 毘沙門天に仕える八大夜叉の一人。
神母天《じんもてん》	鬼子母神《きしもじん》のこと。八部衆。 散脂大将《さんしたいしょう》の妻《つま》。
阿修羅王《あしゅらおう》	阿修羅《あしゅら》のこと。八部衆。
乾闥婆王《けんだつばおう》	乾闥婆《けんだつば》のこと。八部衆。
緊那羅王《きんならおう》	緊那羅《きんなら》のこと。八部衆。
摩睺羅王《まごらおう》	摩睺羅伽《まごらか》のこと。八部衆。
迦楼羅王《かるらおう》	迦楼羅《かるら》のこと。八部衆。
那羅延金剛《ならえんこんごう》	金剛力士《こんごうりきし》（阿形《あぎょう》）のこと。
密迹金剛《みっしゃくこんごう》	金剛力士《こんごうりきし》（吽形《うんぎょう》）のこと。
五部浄居天《ごぶじょうごてん》	浄居天《じょうごてん》に住む天人《てんにん》。地獄《じごく》と天を行き来できることから閻魔《えんま》ともされる。
婆藪仙人《ばすせんにん》	殺生《せっしょう》の罪《つみ》で地獄《じごく》に落ちたが、お釈《しゃ》迦《か》さまの教えに救《すく》われた。
満善車王《まんぜんしゃおう》	不明《ふめい》。満仙王《まんせんおう》と同じともされる。

友だちに教えたくなる 仏教豆知識《ぶっきょうまめちしき》③

古代インド人が考えた「須弥山世界《しゅみせんせかい》」

古代のインド人は、宇宙《うちゅう》の中心には「須弥山《しゅみせん》」という高い山がそびえていると考えました。頂上《ちょうじょう》には帝釈天《たいしゃくてん》が住む宮殿《きゅうでん》があり、神々《かみがみ》が住む天界《てんかい》につながっています。そして中腹《ちゅうふく》には、四天王《してんのう》が住んでいます。

人間が住む世界《せかい》は、海にうかぶ4つの島の一つ、南贍部洲《なんせんぶしゅう》です。その地下に八大地獄《はちだいじごく》があるとされます。

金輪際《こんりんざい》は「世界の果《は》て」を意味しているよ

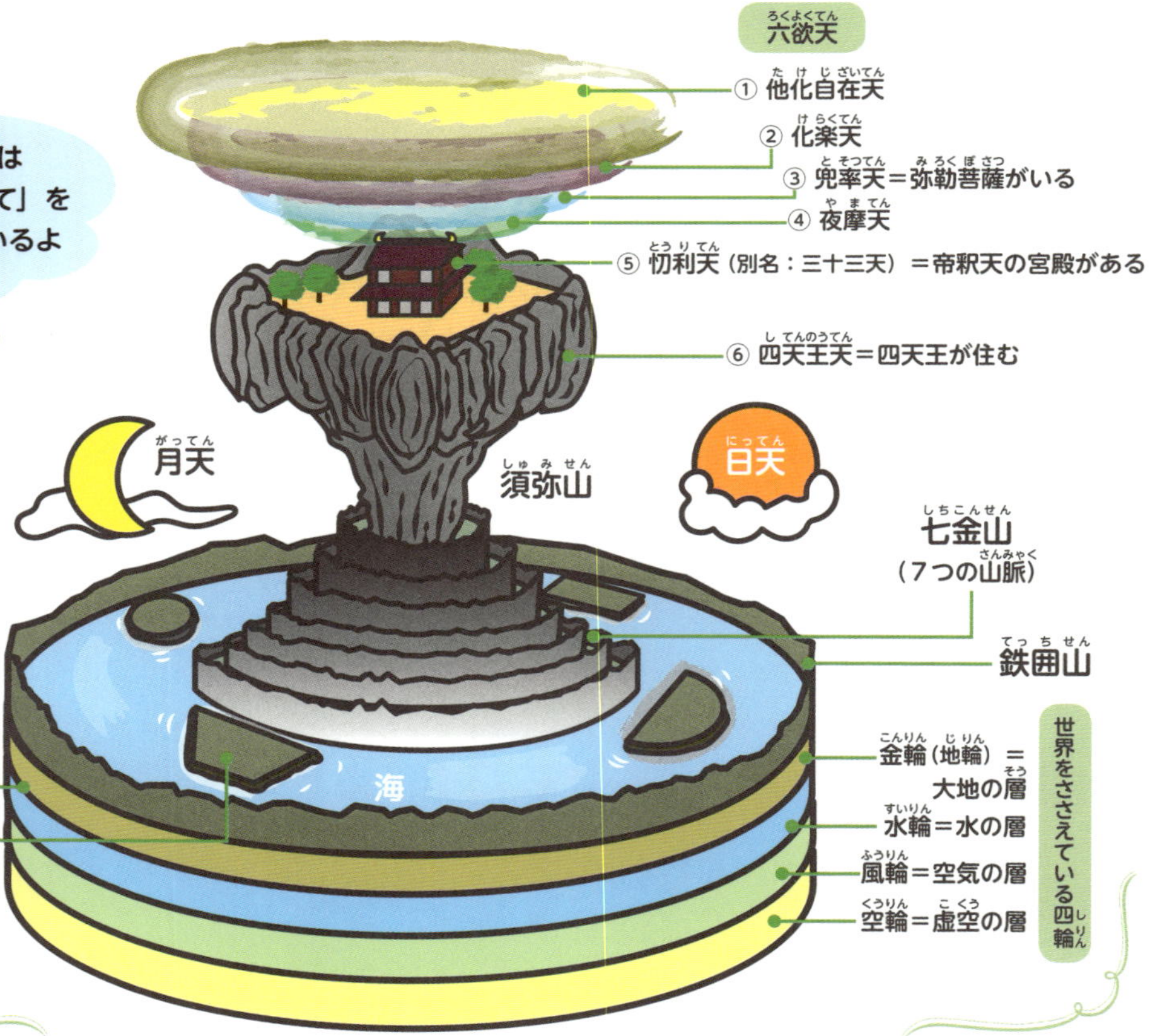
六欲天《ろくよくてん》
① 他化自在天《たけじざいてん》
② 化楽天《けらくてん》
③ 兜率天《とそつてん》＝弥勒菩薩《みろくぼさつ》がいる
④ 夜摩天《やまてん》
⑤ 忉利天《とうりてん》（別名：三十三天）＝帝釈天の宮殿がある
⑥ 四天王天《してんのうてん》＝四天王が住む
月天《がってん》
須弥山《しゅみせん》
日天《にってん》
七金山《しちこんせん》（7つの山脈《さんみゃく》）
鉄囲山《てっちせん》
金輪際《こんりんざい》
海
南贍部洲《なんせんぶしゅう》（別名：閻浮提《えんぶだい》）私たち人間が住む世界
金輪《こんりん》（地輪《じりん》）＝大地の層《そう》
水輪《すいりん》＝水の層
風輪《ふうりん》＝空気の層
空輪《くうりん》＝虚空《こくう》の層
世界をささえている四輪《しりん》

第4章

インド・中国・日本のお坊《ぼう》さん列伝《れつでん》

インド

達磨《だるま》

500年ごろ

〝だるまさん〟のモデルは、インドのお坊さんだった！

キミは、「だるまさんがころんだ」という遊びを知っているかな。鬼《おに》がふり向いたら動きを止める遊びだよ。

また、赤い縁起物《えんぎもの》の置《お》き物《もの》としてもよく知られています。その〝だるまさん〟のモデルになったのは、いまから1500年ほど前にいた達磨《だるま》というえらいお坊《ぼう》さんです。

達磨は、南インドの香至国《こうしこく》という国の王子《おうじ》として生まれました。それからお釈《しゃ》迦《か》さまと同じように出家《しゅっけ》して、坐禅《ざぜん》の修《しゅ》行《ぎょう》をして悟《さと》りを得《え》ました。

達磨はその後も坐禅の修行をつづけ、お釈迦さまから一番弟子《いちばんでし》に代々《だいだい》受けつがれてきた坐禅の教えを引きついで、お釈迦さまから数えて28代目にあたる坐禅の第一人者《だいいちにんしゃ》となりました。

そして達磨は、その坐禅の教えを、海をわたって中国へ伝《つた》えることを決意《けつい》したのです。

中国でもすわりつづけた〝ミスター坐禅〟

達磨のすごいところは、とことん坐禅の修行をつづけたこと。

中国南部の梁《りょう》という国を治《おさ》めていた武《ぶ》帝《てい》は、達磨をよろこんでむかえ、「私《わたし》は、お寺を建《た》て、お経《きょう》を書き写《うつ》し、お坊さんを大切にしています。どんなご利益《りやく》がありますか」とたずねました。

達磨は「何もなし」と答えました。仏《ぶっ》教《きょう》とは、きよらかな心で見返《みかえ》りを求《もと》めずによいおこないをすることだからです。

そして達磨は、山深《やまぶか》い少林寺《しょうりんじ》に入り、洞窟《どうくつ》の壁《かべ》に向かって9年間ひたすら坐禅をつづけました。そのうわさを聞きつけて修行者《しゅぎょうしゃ》たちが集まり、少林寺は坐禅のお寺として有名になりました。そして坐禅の修行を中心とする禅宗《ぜんしゅう》が中国に根づいたのです。

〝だるまさん〟に手足がないのは、坐禅をする達磨の姿《すがた》をモデルにつくられたからです。

また、達磨は150歳《さい》まで長生きしたという伝説《でんせつ》があります。『日本書紀《にほんしょき》』という日本でいちばん古い歴史書《れきししょ》には「達磨は日本にやってきて聖徳太子《しょうとくたいし》に会った」とも書かれています。

中国

玄奘《げんじょう》

602~664年

『西遊記』の三蔵法師は、実在の人物だった！

孫悟空《そんごくう》たちが大活躍《だいかつやく》する『西遊記《さいゆうき》』のお話を知っているかな。

中国のお坊《ぼう》さんの三蔵法師《さんぞうほうし》が、孫悟空、沙悟浄《さごじょう》、猪八戒《ちょはっかい》を引き連《つ》れて命がけで砂《さ》漠《ばく》をこえてインドにわたり、たくさんのお経《きょう》を持ち帰るという大冒険物語《だいぼうけんものがたり》です。旅《たび》のとちゅうでたくさんの怪物《かいぶつ》や妖怪《ようかい》を退治《たいじ》する様子《ようす》は、スリル満点《まんてん》だよ。

じつは、この物語に登場《とうじょう》する三蔵法師は、実在《じつざい》した「玄奘《げんじょう》」という名前のえらいお坊さんです。

玄奘はわずか13歳《さい》で正式《せいしき》なお坊さんになり、一生懸命《いっしょうけんめい》に勉強《べんきょう》しました。そして中国にあるお経をすべて研究《けんきゅう》しましたがものたりなくなり、仏教《ぶっきょう》が始まったインドへわたる決意《けつい》をしました。

当時の中国は、唐《とう》の国ができたばかりで、国民《こくみん》が外国へ行くことはとても危険《きけん》だったため禁《きん》じられていました。それでも玄奘は28歳のとき、唐の法律《ほうりつ》をやぶって旅立ったのです。

玄奘は、何度も危険《きけん》な目にあいながらようやくインドにたどりつきました。そこで本場の仏教を習い、それらをすべてマスターしたのです。そして６５７部というたくさんのお経を中国に持ち帰りました。玄奘の命がけの大冒険は16年間にもおよびました。

唐の皇帝《こうてい》は、法律をやぶってインドにわたった玄奘を罰《ばっ》しませんでした。なぜ

なら、中国でいちばんのお坊さんになって帰ってきたからです。

みんなのためにお経を翻訳

玄奘のすごいところは、お経を持ち帰っただけではありません。インドの言《こと》葉《ば》で書かれていたお経を次々《つぎつぎ》と中国語に翻訳《ほんやく》したのです。

国家《こっか》プロジェクトとして始まった翻訳事業《じぎょう》には多くの人とお金がつぎこまれました。それでも最終的《さいしゅうてき》には玄奘がチェックしなければならないので、玄奘は休む間《ま》もありません。毎日2時間しかねむらず翻訳をつづけたといわれています。

玄奘が翻訳したたくさんのお経は、日本へも伝《つた》えられました。いま日本のお坊さんが読んでいるお経の多くは、玄奘が翻訳したお経だよ。

日本

最澄《さいちょう》

767~822年

「だれでも仏になれる」と言った日本仏教の第一人者

最澄《さいちょう》は、京都《きょうと》と滋賀《しが》の間にそびえる比《ひ》叡山《えいざん》に延暦寺《えんりゃくじ》を開いたえらいお坊《ぼう》さんです。その後、延暦寺で学んだお坊さんたちが仏教《ぶっきょう》を日本全国《ぜんこく》にひろめっていったのです。

最澄は、比叡山のふもとの近江国《おうみのくに》（いまの滋賀県）に生まれ、13歳《さい》で出家《しゅっけ》して地域《ちいき》いちばんの国分寺《こくぶんじ》に入りました。当時のお坊さんは、国家試験《こっかしけん》に合格《ごうかく》しなければなれない国家公務員《こうむいん》のようなものでした。

最澄は猛勉強《もうべんきょう》し、奈良《なら》の都《みやこ》の東大寺《とうだいじ》で国家試験を受けて合格しました。その試験に合格してお坊さんになれる人は年に10人ほどしかいませんでした。最澄は超《ちょう》エリートとして将来《しょうらい》を約束《やくそく》されたのです。

それでも最澄は、すべての人が仏教によって救《すく》われるためにはどうしたらよいかと考えつづけ、比叡山にこもって1人で修行《しゅぎょう》にはげみました。

やがて当時の天皇《てんのう》からも認《みと》められるようになった最澄は、中国にわたって本場の仏教を学ぶことを希望《きぼう》しました。

天皇は、遣唐使《けんとうし》として最澄を中国に行かせました。そのときの遣唐使には、のちにライバルとなる空海《くうかい》（108ページ）もいました。

中国にわたった最澄は、天台山《てんだいさん》に入り、『法華経《ほけきょう》』の教え、禅《ぜん》、戒律《かいりつ》、密教《みっきょう》まで、仏教のすべてを学びました。

比叡山が仏教の総合大学になる

1年後に帰国した最澄は、日本仏教の第一人者《だいいちにんしゃ》として認められ、比叡山に延暦寺を開きました。中国で仏教のいろいろなジャンルを学び、いずれも先生になれるだけの知識《ちしき》を身《み》につけた最澄のもとには修行者が全国から集まり、延暦寺は仏教の総合《そうごう》大学のようになりました。

また最澄は、最新の仏教である密教についてもっと勉強したかったので、密教の最高位《さいこうい》となって帰国した空海に習いにいきました。

最澄は日本でいちばんのお坊さんといわれても、けっしていばらずに一生勉強をつづけたのです。そして、「比叡山で12年間学べば、だれでも仏になれる」と教えました。日本の仏教は、この最澄の教えが主流《しゅりゅう》になりました。

日本

空海《くうかい》

774~835年

「密教」という新しい風をふきこんだ天才

「弘法大師《こうぼうだいし》」として知られる空海《くうかい》は、最《さい》澄《ちょう》と同じ時代に大活躍《だいかつやく》したお坊《ぼう》さんです。空海と最澄は日本仏教界《ぶっきょうかい》における二大スーパースターです。

「弘法、筆《ふで》をえらばず」「弘法も筆のあやまり」ということわざがあるように、空海は書道《しょどう》の達人《たつじん》でもあったんだよ。

讃岐国《さぬきのくに》（いまの香川県《かがわ》）に生まれた空海は、18歳で都《みやこ》の大学に入学し、成績《せいせき》はいつもトップでした。

将来《しょうらい》を約束《やくそく》されていた空海ですが、仏教にひかれ、大学を中退《ちゅうたい》して修行《しゅぎょう》生活に入りました。

そして31歳のとき、遣唐使《けんとうし》として中国にわたり、世界中《せかいじゅう》の人々《ひとびと》が集まる長安《ちょうあん》の都へ向かいました。密教《みっきょう》の最高位《さいこうい》である恵果《けいか》のもとで学ぶためです。

2年後、空海は、恵果から密教の最高位を受けついで帰国しました。

日本の文化を高めた「知の巨人」

空海は、たくさんの密教のお経《きょう》を中国から持ち帰りました。また、護摩《ごま》焚《だ》きなどの加持祈祷《かじきとう》（国の繁栄《はんえい》や人々の幸《しあわ》せを願《ねが》う儀式《ぎしき》）を伝《つた》え、天皇《てんのう》や朝廷《ちょうてい》から認《みと》められました。

そして天皇から京都《きょうと》の東寺《とうじ》をまかされ、教王護国寺《きょうおうごこくじ》と命名《めいめい》。修行道場として和《わ》歌山《かやま》の高野山《こうやさん》に金剛峯寺《こんごうぶじ》を開きました。

天才、空海の功績《こうせき》はそれだけではあり

ません。中国から土木《どぼく》、建築《けんちく》、医学、文学、占星術《せんせいじゅつ》など、さまざまな分野の最新《さいしん》知識《ちしき》を持ち帰りました。それらは日本の文化の発展《はってん》に大きな影響《えいきょう》をあたえました。

たとえば土木技術《ぎじゅつ》では、香川県にある満濃池《まんのういけ》という大きなため池をわずか3カ月でつくりました。これにより、人々は水不足《みずぶそく》でこまらなくなり、大雨で洪水《こうずい》になることもなくなりました。満濃池は、いまも日本一大きなため池として残っています。

ふつうの人々が学べる学校を日本で初《はじ》めてつくったのも空海です。当時の学校は身分《みぶん》の高い人しか入学できなかったので、身分に関係《かんけい》なく勉強《べんきょう》ができるようにしたのはすごいことでした。

このように空海は日本の「知の巨人《きょじん》」として、いまも人々に尊敬《そんけい》されています。

日本

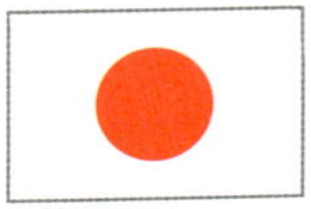

法然《ほうねん》

1133〜1212年

念仏をとなえるだけで救われると説いた改革者

法然《ほうねん》は、武士《ぶし》の世《よ》となった鎌倉《かまくら》時代に、阿弥陀仏《あみだぶつ》の救《すく》いを説《と》いて大人気になったお坊《ぼう》さんです。

法然は美作国《みまさかのくに》（いまの岡山県《おかやまけん》）で生まれました。9歳《さい》で父を亡《な》くしたことから、お坊さんになるため13歳で比叡山延《ひえいざんえん》暦寺《りゃくじ》に入りました。

法然はものすごい勉強家《べんきょうか》でした。比叡山にあったたくさんのお経《きょう》を読んで、仏教《ぶっきょう》の知識《ちしき》を身《み》につけました。やがて、まわりから「智恵《ちえ》第一の法然」とよばれ尊敬《そんけい》されるようになります。

当時は、大寺《だいじ》の権力争《けんりょくあらそ》いがつづき、また地震《じしん》や大雨、日照《ひで》りなどもたくさんあり、人々《ひとびと》は生きることに希望《きぼう》を失《うしな》っていました。

法然は、貴族《きぞく》も武士もふつうの人々も、すべての人を救いたいと願《ねが》い、お経のなかに答えを求《もと》めたのです。

しかし、どれだけ勉強しても人々を救う教えを見つけられません。それでも勉強すること30年、とうとうお経のなかに、だれもが救われる道を見つけました。

念仏するだけで救われるすごい教え

法然がお経から見つけたのは、「いつでもどこでも念仏《ねんぶつ》をとなえなさい。そうすれば、阿弥陀仏の極楽浄土《ごくらくじょうど》に生まれ変わり、救われる」という念仏の教えで

した。念仏とは、「南無阿弥陀仏《なむあみだぶつ》」ととなえることです。その意味は「阿弥陀《あみだ》さま、お救いください」ということ。

そしてお経にはつづけて、「なぜなら阿弥陀仏は、自分に救いを求めるものすべてを救いたいという誓《ちか》いをはたして仏《ほとけ》となったのだから」とあったのです。

法然は比叡山をおりて、京都《きょうと》の人々に念仏の教えを話しました。

それはたちまち都中《みやこじゅう》のうわさとなり、法然のもとには念仏の教えを聞こうとたくさんの人が集まりました。

法然は、お寺を建《た》てることもできない、むずかしいお経を読んだり修行《しゅぎょう》したりすることもできないふつうの人々に仏教をひろめた改革者《かいかくしゃ》です。法然がいたからこそ、日本はいまのようにだれもが仏教を大切にする国になったのです。

日本

道元《どうげん》

1200~1253年

「坐禅こそ仏の悟り」と教え、本当の弟子を育てた

最初《さいしょ》に達磨《だるま》のところで紹介《しょうかい》した、お釈《しゃ》迦《か》さまから代々《だいだい》つづく坐禅《ざぜん》の教えを受けついだのが、道元《どうげん》です。

道元は、京都《きょうと》の貴族《きぞく》の名家《めいか》に生まれましたが、おさなくして両親を失《うしな》い、13歳《さい》のときに比叡山延暦寺《ひえいざんえんりゃくじ》に入りました。

14歳で正式《せいしき》にお坊《ぼう》さんとなりますが、大きな疑問《ぎもん》にぶつかります。

「仏教《ぶっきょう》では、人は生まれながらに仏《ほとけ》であると教えているのに、なぜ仏となるために修行《しゅぎょう》しなければならないのか」という疑問です。何人ものえらいお坊さんに疑問をぶつけてみましたが、なっとくできる答えは得《え》られません。

ただ、これだと思ったのは、当時、京都の建仁寺《けんにんじ》に中国から伝《つた》えられたばかりの最新《さいしん》の坐禅の教えでした。

先生を求めて24歳で中国へ

中国は禅宗《ぜんしゅう》のお寺ばかりでした。道元は、えらいお坊さんをあちこちたずねますが、よい先生には出会えません。

そんなある日、年寄《としよ》りのお坊さんから「道元くん、お経《きょう》を読んで坐禅の勉強《べんきょう》をすることばかりが修行なのかな？」と聞かれたのです。

道元は、大切なのは自分で坐禅をすることであり、料理《りょうり》も掃除《そうじ》もお寺の生活のすべてが修行なのだと気がつきました。

あるがままに見れば、すべてが先生

だったのです。そして天童寺《てんどうじ》の如浄《にょじょう》先生にめぐりあい、坐禅の修行をつづけて、とうとう悟《さと》りを得ました。こうして、お釈迦さまからつづく坐禅の教えを受けついで5年ぶりに帰国したのです。

「ひたすら坐禅をすることが仏の悟りである」という道元の坐禅は、京都で大ブームになりました。ところが、坐禅ブームをよく思わないお坊さんたちが道元を批《ひ》判《はん》するようになります。そこで道元は、坐禅をするのにふさわしい越前国《えちぜんのくに》（いまの福井《ふくい》県）の山奥《やまおく》に永平寺《えいへいじ》というお寺を開き、弟子《でし》を育てることにしました。如浄先生から「静《しず》かなところで本当の弟子を育てよ」と言われていたからです。

また、道元は坐禅の作法《さほう》やその大切さを『正法眼蔵《しょうぼうげんぞう》』などの本にまとめました。その教えはいまも受けつがれています。

日本

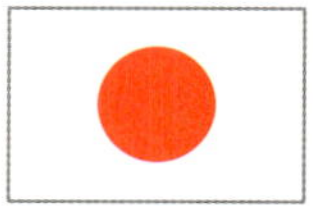

日蓮《にちれん》

1222～1282年

この世をよくするために信念をつらぬいた情熱家

鎌倉《かまくら》時代に命がけで『法華経《ほけきょう》』の教えをひろめたのが日蓮《にちれん》です。

安房国《あわのくに》（いまの千葉県《ちばけん》）に漁師《りょうし》の子として生まれ、12歳《さい》で近くの清澄寺《せいちょうじ》に入りました。そのとき、本尊《ほんぞん》の虚空蔵菩薩《こくうぞうぼさつ》に「日本一の智恵《ちえ》を授《さず》けてください」とお願《ねが》いした話は有名です。

正式《せいしき》なお坊《ぼう》さんになった日蓮は、21歳のとき比叡山《ひえいざん》へ勉強《べんきょう》に行きました。10年がたち、「お釈迦《しゃか》さまが最後に説《と》いた『法華経』こそ、すべての人を救《すく》えるただひとつのお経だ」という考えにいたります。

そして日蓮は清澄寺にもどり、「南無《なむ》妙法蓮華経《みょうほうれんげきょう》」ととなえれば、この世《よ》が仏《ほとけ》の世界《せかい》となり、みんなが幸《しあわ》せになれると説きました。「南無妙法蓮華経」とは、「私《わたし》は『法華経』の教えを信《しん》じます」という意味です。お経《きょう》の題名《だいめい》をとなえるので「題目《だいもく》」といいます。

この題目を多くの人々《ひとびと》に伝《つた》えるために日蓮は、当時の政治《せいじ》の中心地、鎌倉《かまくら》の街《まち》に立って演説《えんぜつ》することにしました。

権力と戦いつづける

当時の仏教《ぶっきょう》は、「南無阿弥陀仏《なむあみだぶつ》」ととなえる念仏《ねんぶつ》、そして坐禅《ざぜん》がブームでした。そんな時代に、日蓮が主張《しゅちょう》した題目は見向きもされませんでした。

それでも日蓮は、「念仏や坐禅はまちがっている。『法華経』の教えのみが本

当の仏教である」と主張しつづけました。そして「念仏や坐禅をやめさせなければ、他国《たこく》からせめられ、国内でも災害《さいがい》がつづくだろう」と予言《よげん》し、鎌倉幕府《ばくふ》に意見書を出しました。そのため日蓮は人々からよく思われず、修行道場《しゅぎょうどうじょう》に放火《ほうか》され、何度も命をねらわれました。とうとう幕府に危険人物《きけんじんぶつ》として逮捕《たいほ》され、伊豆《いず》へ、さらに佐渡《さど》へ島流《しまなが》しにされました。

ところが日蓮が予言したとおり、他国がせめてきたのです。それには幕府も人々もおどろきました。

佐渡追放《ついほう》をゆるされたとき、日蓮は53歳。甲斐国《かいのくに》（いまの山梨《やまなし》県）の身延山《みのぶさん》に久遠寺《くおんじ》を開き、弟子《でし》たちに『法華経』の教えを指導《しどう》しました。その教えは弟子たちの努力《どりょく》によってひろまり、いまでは「日蓮宗《にちれんしゅう》」とよばれています。

日本

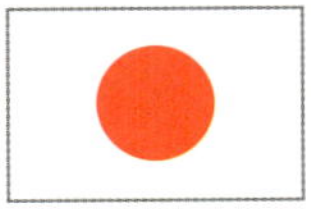

一休《いっきゅう》

1394~1481年

「トンチの一休《いっきゅう》さん」のこんな話を知っているかな?

ある日、小僧《こぞう》の一休さんは、殿《との》さまによばれてお城《しろ》に行きました。

「びょうぶに描《えが》かれたトラが夜中《よなか》に出てきて、悪《わる》さをするからつかまえてくれ」

殿さまは、トンチで知られる一休さんをこまらせてやろうと考えたのです。

一休さんは縄《なわ》を用意してもらい、びょうぶのトラの前に立ちました。そして、

「お殿さま、トラを縄でつかまえてごらんにいれますから、びょうぶから追い出してください」と言いました。

「びょうぶのトラを追い出すことなど、できるわけがないではないか」

自由に生きた「トンチの一休さん」

殿さまがそう言うと、一休さんは、

「それでは、びょうぶからトラは出てこないのですね。安心《あんしん》しました」

と笑《わら》って答えました。

それを聞いた殿さまは、「さすがトンチの一休だ。まいった、まいった」と、一休さんにごほうびをくれました。

トンチというのは、頭の回転《かいてん》がはやいことです。このような一休さんのトンチ話はたくさんあります。

形だけの決まりごとならいらない

じつは、一休は天皇《てんのう》のかくし子といわれ、6歳《さい》でお寺に入りました。青年時代

は、とてもまじめでデリケートな心を持ったお坊《ぼう》さんだったようです。24歳のときに大切な先生が亡《な》くなり、自分も川に身《み》をなげて自殺《じさつ》しようとしたほどです。

助けられた一休は2年後、坐禅《ざぜん》をしていたときにカラスの鳴《な》き声《ごえ》を聞いて「カラスは見えなくてもそこにいる。仏もまた見えなくとも自分の心のなかにある」と悟《さと》ったといいます。

一休が、決まりごとにこだわらず自由に生きるようになったのはそれからです。

当時の仏教界《ぶっきょうかい》には、えらい人と仲《なか》よくなって出世《しゅっせ》することばかりに力を入れて、勉強《べんきょう》や修行《しゅぎょう》をなまけるお坊さんがたくさんいました。一休は、そんな形だけのお坊さんにはなりたくありませんでした。だから1つのお寺にとどまらず、みんなに仏教をひろめていったのです。

日本

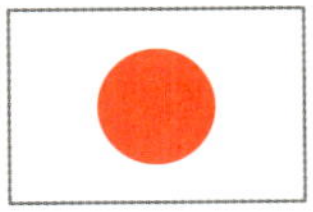

良寛《りょうかん》

1758～1831年

子どもの心を持ち、自然と書と歌を愛した

「良寛《りょうかん》さん」――だれからも親しみをこめてそうよばれるのは、江戸《えど》時代のお坊《ぼう》さん、良寛です。

良寛は、越後国《えちごのくに》（いまの新潟県《にいがたけん》）の村《むら》長《おさ》の長男として生まれました。長男は親のあとをつぐのがあたりまえの時代でしたが、良寛はのんびりした性格《せいかく》だったので村長の仕事は向いていませんでした。

そこで良寛は、両親に反対《はんたい》されましたが18歳《さい》で出家《しゅっけ》し、備中国《びっちゅうのくに》（いまの岡山《おかやま》県）のきびしい禅宗《ぜんしゅう》のお寺に入ります。

ようやく悟《さと》りを認《みと》められたときには33歳になっていました。そして翌年《よくねん》、きびしかった先生が亡《な》くなるときに「良寛よ、好《す》きなように旅《たび》をするがいい」と言った言葉《ことば》を受けて身《み》ひとつの旅に出ます。

貧しい小屋で、自然体ですごす

良寛は父の死《し》を聞いて39歳で故郷《こきょう》にもどり、国上山《くがみやま》という低《ひく》い山の中腹《ちゅうふく》に五合《ごごう》庵《あん》という小さな小屋《こや》を建《た》てて、74歳で亡くなるまで清貧《せいひん》の生活をおくりました。

清貧とは、貧《まず》しくとも清《きよ》く正しいことです。良寛は、食べるものがなくなったら、ふもとにおりてお経《きょう》をとなえ、食べ物を分けてもらいました。これを托鉢《たくはつ》といいます。それ以外《いがい》は、五合庵で坐禅《ざぜん》をし、書を書いたり詩《し》や歌をよんだり、子どもたちと遊んでのんびり毎日をすごしました。

ある日、子どもたちとかくれんぼをして遊んでいた良寛は、日が暮《く》れて子どもたちが帰ったことも知らず、次の日の朝までずっとかくれていたそうです。

良寛は、先生の最後の言葉を大切に生きたのです。

自然《しぜん》をこよなく愛《あい》し、自然にとけこんでいた良寛は、亡くなる直前に次のような歌をよみました。

形見《かたみ》とて　何かのこさむ　春は花
夏ほととぎす　秋はもみじ葉《ば》

この歌の意味は、「ごらんのとおり、形見として残すものを私《わたし》は何も持っていません。それでも春には花がさきます。夏にはホトトギスがよい声で鳴《な》きます。秋にはモミジの葉が美《うつく》しく山々《やまやま》をそめます。それを私の形見だと思ってください」ということです。良寛らしい歌ですね。

友だちに教えたくなる

仏教豆知識《ぶっきょうまめちしき》④

仏教《ぶっきょう》で国づくりをした聖徳太子《しょうとくたいし》

聖徳太子《しょうとくたいし》（574～622年）は、いまから1400年ぐらい前の飛鳥《あすか》時代に大活躍《だいかつやく》した皇《こう》族《ぞく》であり、政治家《せいじか》だよ。

推古天皇《すいこてんのう》の甥《おい》にあたり、厩戸王《うまやとおう》とよばれていました。

聖徳太子の父・用明《ようめい》天皇が崩御《ほうぎょ》して推古天皇が即位《そくい》するまでの日本は、力を持った豪《ごう》族《ぞく》たちの争《あらそ》いがつづき、皇族たちも巻《ま》きこまれていました。

そこで聖徳太子は「十七条憲法《じゅうしちじょうけんぽう》」を発表《はっぴょう》したのです。

第一条「和《やわらぎ》をもって貴《とうと》しとなし」に始まります。そして第二条に「篤《あつ》く三宝《さんぼう》を敬《うやま》え。三宝とは仏《ほとけ》・法《のり》・僧《ほうし》なり」とあります。

その意味は「心から、仏《ぶっ》・法《ぼう》・僧《そう》という3つの宝《たから》を敬いなさい」ということです。

仏とは、お釈迦《しゃか》さまのこと。法は、お釈迦さまが教えてくれた幸《しあわ》せに生きる方法《ほうほう》。僧は、お釈迦さまの教えを私《わたし》たちに伝《つた》えてくれるお坊《ぼう》さんのこと。

まさにここに、聖徳太子の仏教による国づくりの精神《せいしん》があらわれています。

聖徳太子は「みんなが仏教をよりどころとして暮《く》らせば、日本は争いごとのないステキな国になりますよ」と教えてくれたのです。

これをきっかけに、たくさんのお寺が建《た》てられ、お経《きょう》の研究《けんきゅう》も進み、日本は仏教の国としてあゆむようになりました。そのため、聖徳太子は「日本仏教の祖《そ》」とよばれています。

第5章

お寺に行ってみよう

お寺って、どんなところ？

お寺は、お釈迦さまの教えを学ぶ学校だよ

お寺はお坊《ぼう》さんが住んでいるところだね。お寺にはいくつかの役割《やくわり》があります。

第一に、お釈迦《しゃか》さまの教えを学ぶ学校であること。お坊さんが勉強《べんきょう》し修行《しゅぎょう》する場所であり、ふつうの人がお坊さんから仏教《ぶっきょう》の話を聞く場所でもあります。

第二に、仏《ほとけ》さまにお参《まい》りするところです。初詣《はつもうで》や、お彼岸《ひがん》、お盆《ぼん》などに多くの人々《ひとびと》が集まります。

第三に、お葬式《そうしき》などの儀式《ぎしき》をおこなうところです。

じつは、お釈迦さまの時代には、修《しゅ》行者《ぎょうしゃ》たちは着《き》の身《み》着のままの生活で、雨季《うき》のときだけ集まって集団生活《しゅうだんせいかつ》をしていました。いまのようなお寺の建物《たてもの》が建《た》てられるようになったのは、仏教が中国に伝《つた》わってからだといわれています。

日本の有名なお寺でいえば、「比叡山《ひえいざん》延暦寺《えんりゃくじ》」「高野山金剛峯寺《こうやさんこんごうぶじ》」「吉祥山永《きちじょうざんえい》平寺《へいじ》」「身延山久遠寺《みのぶさんくおんじ》」などがあります。

いまは、どこのお寺も「○○山◇◇寺」というように山の名前がついています。これを「山号《さんごう》」といいます。

昔《むかし》は、修行のためにほとんどのお寺が山のなかに建てられていたからです。その後、人々に教えをひろめるためにお寺が街《まち》なかに建てられるようになっても山号をつける習慣《しゅうかん》が残りました。

キミの家の近くにあるお寺の山号を調《しら》べてみると、おもしろいかもよ。

お寺に仏教のお話を聞きに行こう

お寺とコンビニ、どっちが多い？

キミが住んでいる町には、お寺がいくつある？　そしてコンビニエンスストアの数は？

全国《ぜんこく》にあるお寺の数は約《やく》7万7000カ寺、コンビニは約5万5000店。コンビニよりもお寺のほうが多いということだね。

江戸《えど》時代のお寺は、役場《やくば》としての役割《やくわり》がありました。近所の人が集まるコミュニティセンターとして悩《なや》みごとの相談《そうだん》にのってくれたり、「寺子屋《てらこや》」といって、子どもたちに勉強《べんきょう》を教える学校でもあったんだよ。

いまも、そんな親しみやすいお寺がたくさんあるよ。

お寺には何がある？

お寺の建物はだいたい決まっているよ

初詣《はつもうで》やお祭《まつ》り、観光《かんこう》などで、大きなお寺にお参《まい》りすると、敷地《しきち》のなかにはたくさんの建物《たてもの》がありますね。

まず、入り口に山門《さんもん》があります。昔《むかし》のお寺は南向きに建《た》てられたことから「南《なん》大門《だいもん》」ともいいました。

門をくぐったら、大きなお堂《どう》（本堂《ほんどう》）、そして塔《とう》や鐘楼堂《しょうろうどう》（鐘《かね》をつくお堂）などの建物があります。また、池やきれいな庭があるお寺もあります。

じつは、お寺の建物は、一定《いってい》の規則《きそく》をもって配置《はいち》されていることが多いのです。「七堂伽藍《しちどうがらん》」という言葉《ことば》があります。伽《が》藍《らん》とは、お寺の建物のこと。七堂伽藍とは、そのなかでもお寺にとって重要《じゅうよう》な7つの建物のことをいいます。

たとえば禅宗《ぜんしゅう》では、①山門《さんもん》、②仏殿《ぶつでん》（本堂）、③法堂《はっとう》（講堂《こうどう》）、④僧堂《そうどう》、⑤庫《く》裡《り》、⑥東司《とうす》、⑦浴司《よくす》の7つです。

七堂伽藍は、お寺の建てられた時代や宗派《しゅうは》によってちがいます。塔や鐘楼堂、経蔵《きょうぞう》などが入る場合もあります。

共通《きょうつう》して、いちばん大切なのは本堂です。本堂には、そのお寺の本尊《ほんぞん》がまつられているからです。本堂は「仏殿」とか「金堂《こんどう》」とよばれることもあります。

また、本堂以外《いがい》にも仏像《ぶつぞう》がまつられており、観音堂《かんのんどう》、明王堂《みょうおうどう》などとよばれます。

お寺に行ったら、どんな建物があるかチェックしてみるとおもしろいよ。

禅宗のお寺の七堂伽藍《しちどうがらん》

これは、禅宗《ぜんしゅう》のお寺だよ。禅宗では「生活のすべてが禅《ぜん》の修行《しゅぎょう》」と考えているので、トイレやおふろ場も大切な修行の場なんだ。

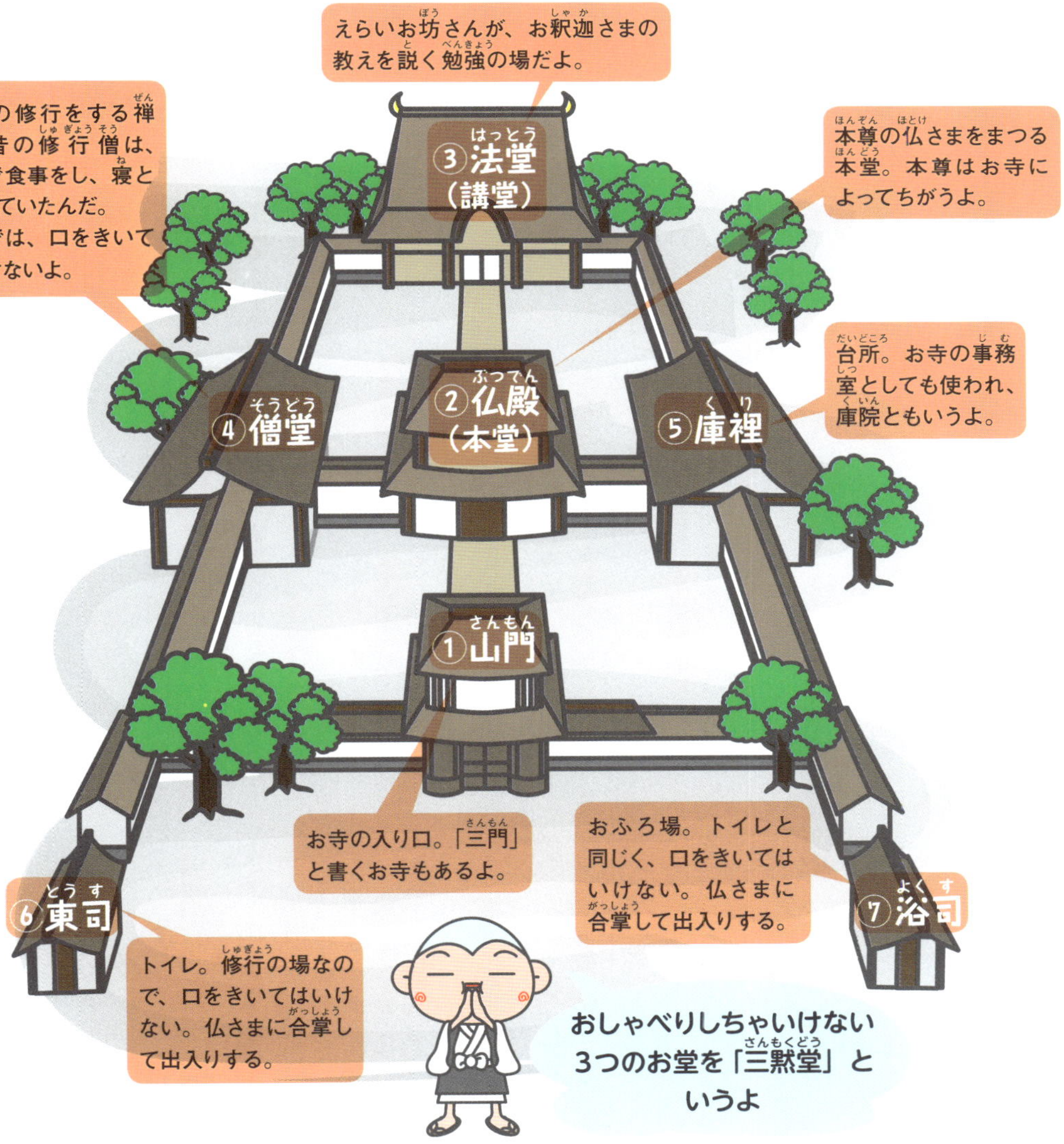
えらいお坊《ぼう》さんが、お釈迦《しゃか》さまの教えを説《と》く勉強《べんきょう》の場だよ。
坐禅《ざぜん》の修行をする禅《ぜん》堂《どう》。昔の修行僧《しゅぎょうそう》は、ここで食事をし、寝《ね》とまりしていたんだ。ここでは、口をきいてはいけないよ。
本尊《ほんぞん》の仏《ほとけ》さまをまつる本堂《ほんどう》。本尊はお寺によってちがうよ。
③法堂《はっとう》（講堂）
②仏殿《ぶつでん》（本堂）
④僧堂《そうどう》
⑤庫裡《くり》
台所《だいどころ》。お寺の事務《じむ》室《しつ》としても使われ、庫院《くいん》ともいうよ。
①山門《さんもん》
お寺の入り口。「三門《さんもん》」と書くお寺もあるよ。
おふろ場。トイレと同じく、口をきいてはいけない。仏さまに合掌《がっしょう》して出入りする。
⑥東司《とうす》
⑦浴司《よくす》
トイレ。修行《しゅぎょう》の場なので、口をきいてはいけない。仏さまに合掌《がっしょう》して出入りする。
おしゃべりしちゃいけない3つのお堂を「三黙堂《さんもくどう》」というよ

お寺の建物いろいろ

日本に仏教《ぶっきょう》が伝《つた》わった当時のお寺は南向きに建《た》てられ、南大門《なんだいもん》（山門《さんもん》）を入ると、中心には塔《とう》と金堂《こんどう》（本堂《ほんどう》）があったというよ。

五重塔《ごじゅうのとう》

仏舎利《ぶっしゃり》（お釈迦《しゃか》さまの骨《ほね》）をまつったのが塔の始まり。三重塔《さんじゅうのとう》もあるよ。

山門《さんもん》

煩悩《ぼんのう》あふれる人間の世界《せかい》と、けがれのない仏さまの世界の境《さかい》。

経蔵《きょうぞう》

一切経《いっさいきょう》（すべてのお経）をおさめておく図書館《としょかん》。これは回転式《かいてんしき》になっている八角輪蔵《はっかくりんぞう》だよ。

鐘楼堂《しょうろうどう》

梵鐘《ぼんしょう》（大鐘《おおがね》）をつるすお堂《どう》。鐘《かね》の音《ね》で時刻《じこく》を知らせる。鐘の音をまわりに響《ひび》きわたらせることは、仏さまへのよいおこないになるといわれるよ。

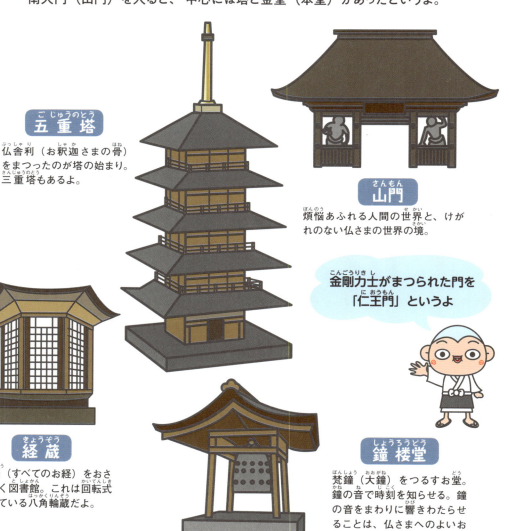

お寺の鳴らし物

お寺には音を出すものがいっぱいあるよ。
時間を知らせたり、お経《きょう》を読むときにリズムをとるために使うんだ。

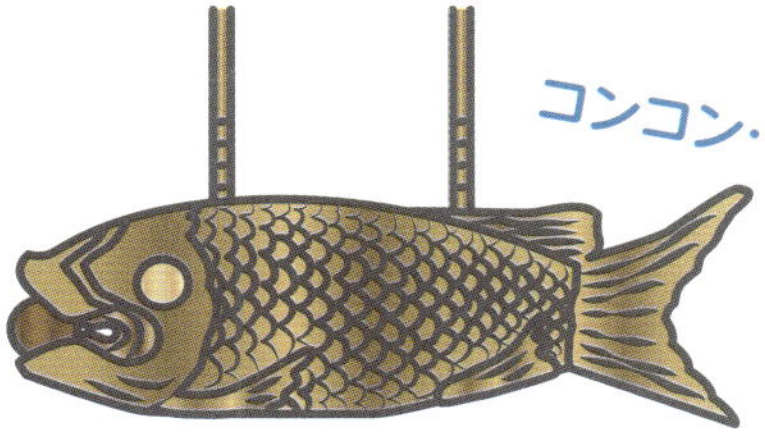
コンコン…

魚鼓《ぎょく》

禅宗《ぜんしゅう》のお寺で食事や修行《しゅぎょう》の時間をたたいて知らせる。「魚板《ぎょばん》」ともいう。木製《もくせい》。

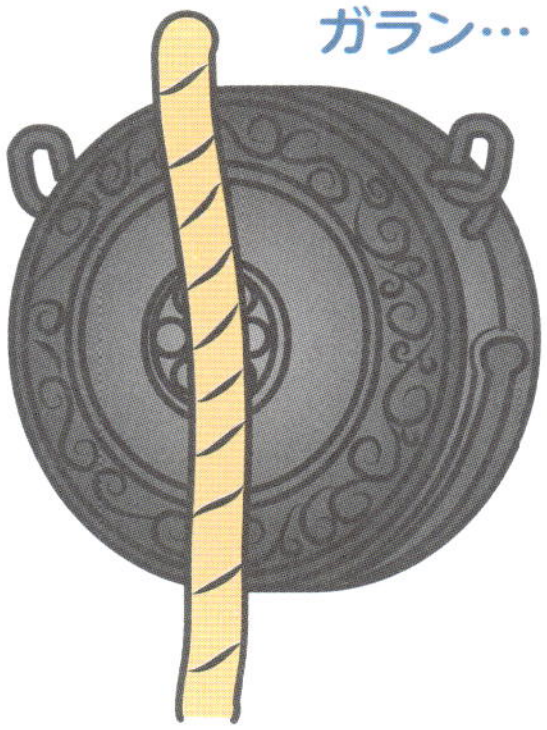
ガラン、
ガラン…

鰐口《わにぐち》

仏さまに来訪《らいほう》を知らせるために鳴《な》らす。大きく一文字《いちもんじ》に口が開いていることから名がついた。金属製《きんぞくせい》。

ゴォ〜〜ン…

梵鐘《ぼんしょう》

鐘楼《しょうろう》につるされた大鐘《おおがね》。108回つく除夜《じょや》の鐘《かね》は煩《ぼん》悩《のう》の数とされる。金属製。

魚は昼も夜も目を開《あ》けているから、修行僧《しゅぎょうそう》の眠気《ねむけ》をさますために魚の形をしているんだよ

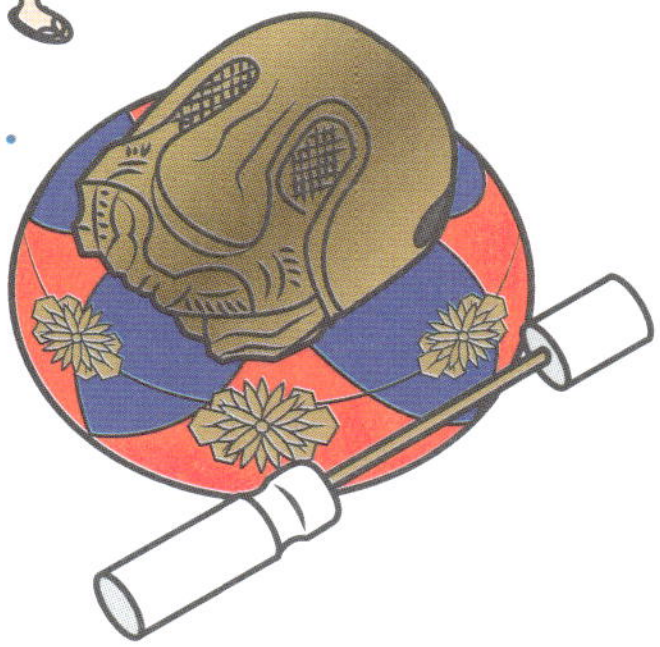
ポクポク…

木魚《もくぎょ》

お経を読むときにたたいてリズムをとる。木製。

ジャラ〜ン…

鐃鈸《にょうはち》

儀式《ぎしき》のときに使われるシンバルのような楽器《がっき》。金属製。

お参りのしかたを教えて

一つひとつの動作《どうさ》をていねいに。心がおちつくよ

お寺のお参《まい》りのしかたには、作法《さほう》があります。それを守ってお参りすると、仏《ほとけ》さまはよろこんでくれるよ。

お寺のなかを「境内《けいだい》」といいます。境内は仏さまの世界《せかい》ですから、大声を出したり、走りまわったりしてはいけません。

まず、門《もん》の前で帽子《ぼうし》をとって一礼《いちれい》。まんなかは仏さまの通り道なので、端《はし》によって門をくぐり、境内に入ります。

お参りする前に身《み》をきよめるため、手《ちょう》水舎《ずや》があったら、流れているきれいな水をひしゃくでくんで手にかけ、正式《せいしき》には口もすすぎます。

また、鐘楼《しょうろう》があって鐘《かね》をついてもよいお寺なら、お参りの前につきましょう。

これは仏さまへのあいさつです。お参りのあとで鐘をつくのは、縁起《えんぎ》が悪《わる》いとされています。

最初《さいしょ》にお参りするのは、本堂《ほんどう》にまつられている本尊《ほんぞん》の仏さまです。

本堂の前に立って一礼し、お参りする場所に進みます。そこで、おさいせんを入れて合掌《がっしょう》。本尊の仏さまのとなえ言葉《ことば》（「南無阿弥陀仏《なむあみだぶつ》」など）をくり返しながら、自分の願《ねが》いごとを仏さまに伝《つた》えます。

そして、ふたたび一礼します。

次に、ほかのお堂《どう》や塔《とう》にまつられている仏さまにもお参りしましょう。お守《まも》りを買ったり、おみくじをひくのはそのあとです。

お寺のお参りのしかた

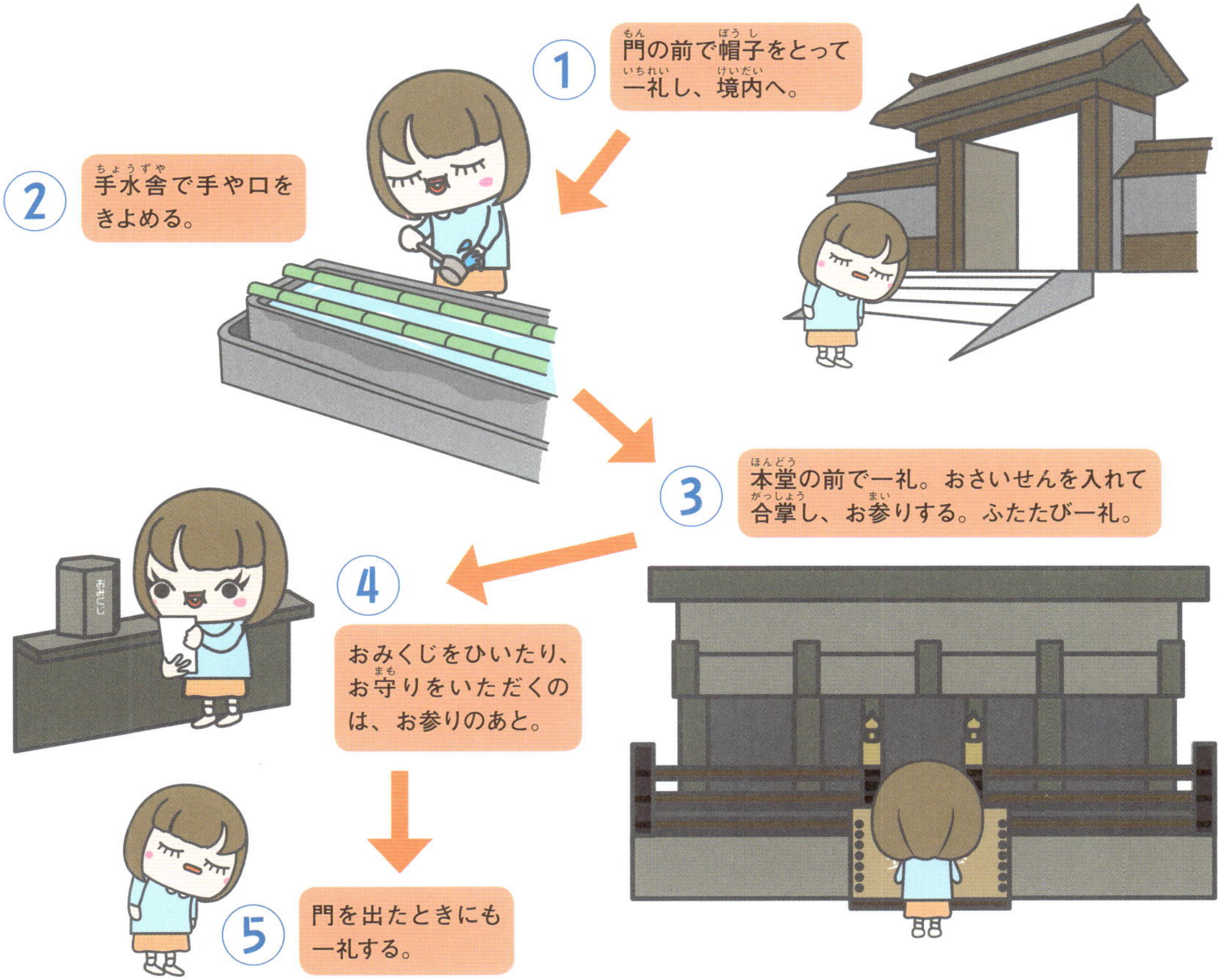
1
門《もん》の前で帽子《ぼうし》をとって一礼《いちれい》し、境内《けいだい》へ。
2
手水舎《ちょうずや》で手や口をきよめる。
3
本堂《ほんどう》の前で一礼。おさいせんを入れて合掌《がっしょう》し、お参《まい》りする。ふたたび一礼。
4
おみくじ
おみくじをひいたり、お守《まも》りをいただくのは、お参りのあと。
5
門を出たときにも一礼する。

なぜ、「おさいせん」をあげるの？

おさいせんは、願《ねが》いごとをかなえてもらうための料金《りょうきん》ではありません。おさいせん箱《ばこ》には「喜捨《きしゃ》」と書かれています。「喜《よろこ》んで捨《す》てる」という意味です。

捨てるのは、お金ではありません。煩悩《ぼんのう》の一つである「こだわりの心」です。見返《みかえ》りを求《もと》めずに、仏《ほとけ》さまの心に近づきたいという気持《きも》ちで、おさいせんをあげるのです。

お寺の年中行事って何？

お釈迦さまをたたえ、ご先祖さまをしのぶ行事だよ

お寺の年中行事《ねんちゅうぎょうじ》には、お釈迦《しゃか》さまやえらいお坊《ぼう》さんをたたえる行事、自分の家のご先祖《せんぞ》さまに感謝《かんしゃ》する行事、一年の節目《ふしめ》の行事、仏《ほとけ》さまとご縁《えん》を結《むす》ぶ縁日《えんにち》などがあります。

お釈迦さまをたたえる行事には、お釈迦さまの誕生日《たんじょうび》を祝《いわ》う花まつり（灌《かん》仏会《ぶつえ》）、悟《さと》りを得《え》た日を記念する成道会《じょうどうえ》、亡《な》くなった日をしのぶ涅槃会《ねはんえ》などがあります。また、宗祖《しゅうそ》（宗派《しゅうは》を開いたお坊さん）や、開山《かいさん》（お寺を開いたお坊さん）をたたえる行事もあります。

ご先祖《せんぞ》さまに感謝する行事には、春と秋のお彼岸《ひがん》（彼岸会《ひがんえ》）、そして、お盆《ぼん》（盂蘭盆会《うらぼんえ》）があります。

また、一年の節目の行事として、初詣《はつもうで》、節分《せつぶん》、除夜《じょや》（大晦日《おおみそか》）があります。

縁日とは、仏さまと、この世《よ》に生きている人たちがご縁を結ぶ「結縁《けちえん》の日」です。縁日には露店《ろてん》や屋台《やたい》などが出て、子どもたちにとってはとても楽しい日ですね。縁日にお参《まい》りすれば、ふだんの日以上にご利益《りやく》がいただけます。

縁日は、仏さまによって、毎月何日と決まっているものや、一年に1回、あるいは年に数回などいろいろです。

お寺の行事に参加《さんか》することは、お釈迦さまの教えを聞くよい機会《きかい》です。そしてなにより、仏さまとご縁を結び、仲《なか》よくなれる大切な日です。

お寺のおもな年中行事

お釈迦さまをたたえる行事

花まつり（灌仏会《かんぶつえ》）	4月8日	お釈迦《しゃか》さまの誕生《たんじょう》日《び》。花御堂《はなみどう》（花でかざった小さなお堂《どう》）に誕生仏《たんじょうぶつ》をまつり、甘茶《あまちゃ》をかけてお参《まい》りする。
成道会《じょうどうえ》	12月8日	お釈迦さまが悟《さと》りを得《え》た日。坐禅《ざぜん》をして悟りを得たことから、禅宗《ぜんしゅう》のお寺では坐禅会《ざぜんかい》が開かれる。
涅槃会《ねはんえ》	2月15日	お釈迦さまの命日《めいにち》。お釈迦さまが亡《な》くなったときの様《よう》子《す》を描《えが》いた涅槃図《ねはんず》を本堂《ほんどう》にかかげてお参りする。

ご先祖さまに感謝する行事

春のお彼岸《ひがん》（彼岸会《ひがんえ》）	春分《しゅんぶん》の日（3月21日ごろ）の前後1週間	ご先祖《せんぞ》さまに感謝《かんしゃ》してお墓参《はかまい》りをする。
お盆《ぼん》（盂蘭盆会《うらぼんえ》）	7月または8月の13日〜15日ごろ	家の仏壇《ぶつだん》にご先祖さまの霊《れい》をむかえる。日にちは地域《ちいき》によってちがう。8月は「旧盆《きゅうぼん》」「月遅《つきおく》れ盆《ぼん》」ともいう。
秋のお彼岸《ひがん》（彼岸会《ひがんえ》）	秋分《しゅうぶん》の日（9月23日ごろ）の前後1週間	ご先祖さまに感謝してお墓参りをする。

一年の節目の行事

初詣《はつもうで》	正月《しょうがつ》（1月）	新年を祝《いわ》い、仏さまに一年の無事《ぶじ》と幸福《こうふく》をいのる。
節分《せつぶん》	立春《りっしゅん》の前日（2月3日ごろ）	冬から春への変わり目の厄《やく》ばらいの行事。豆まきをして鬼《おに》を追いはらう。
除夜《じょや》	大晦日《おおみそか》（12月31日）	一年のおこないを反省《はんせい》し、除夜の鐘《かね》をついて煩悩《ぼんのう》をはらう。

おもな縁日と有名なお寺

お薬師《やくし》さま縁日《えんにち》 （薬師如来《やくしにょらい》）	**毎月 8日・12日**	法隆寺《ほうりゅうじ》（奈良《なら》）、薬師寺《やくしじ》（奈良）、 神護寺《じんごじ》（京都《きょうと》）など
観音《かんのん》さま縁日 （観音菩薩《かんのんぼさつ》）	**毎月18日**	浅草寺《せんそうじ》（東京）、長谷寺《はせでら》（神奈川《かながわ》）、 清水寺《きよみずでら》（京都）など
お地蔵《じぞう》さま縁日 （地蔵《じぞう》菩薩）	**毎月24日**	とげぬき地蔵《じぞう》（東京・高岩寺《こうがんじ》）、 八尾《やお》地蔵（大阪《おおさか》・常光寺《じょうこうじ》）、 壬生《みぶ》地蔵（京都・壬生寺《みぶでら》）など
お不動《ふどう》さま縁日 （不動明王《ふどうみょうおう》）	**毎月28日**	成田不動尊《なりたふどうそん》（千葉《ちば》・新勝寺《しんしょうじ》）、 高幡《たかはた》不動尊（東京・金剛寺《こんごうじ》）、 大山《おおやま》不動尊（神奈川・大山寺《おおやまでら》）など
弘法大師《こうぼうだいし》縁日 （空海《くうかい》）	**毎月21日**	西新井大師《にしあらいだいし》（東京・総持寺《そうじじ》）、 川崎大師《かわさきだいし》（神奈川・平間寺《へいけんじ》）、 東寺《とうじ》（京都・教王護国寺《きょうおうごこくじ》）など
毘沙門《びしゃもん》さま縁日 （毘沙門天《びしゃもんてん》）	**1月・5月・9月の 第一寅《とら》の日**	信貴山朝護孫子寺《しぎさんちょうごそんしじ》（奈良）、 鞍馬寺《くらまでら》（京都）など
大黒《だいこく》さま縁日 （大黒天《だいこくてん》）	**甲子《きのえね》の日 （60日ごと）**	比叡山延暦寺《ひえいざんえんりゃくじ》（滋賀《しが》）、 高野山金剛峯寺《こうやさんこんごうぶじ》（和歌山《わかやま》）など
鬼子母神《きしもじん》縁日 （鬼子母神《きしもじん》）	**毎月 8日・18日・28日**	入谷《いりや》の真源寺《しんげんじ》（東京）、 雑司ヶ谷《ぞうしがや》の法明寺《ほうみょうじ》（東京）、 法華経寺《ほけきょうじ》（千葉）など

第6章

なんと、これも仏《ぶっ》教《きょう》語《ご》

あいさつ〔挨拶〕

もとは、お坊《ぼう》さん同士《どうし》が意見をのべて仏《ぶっ》教《きょう》の知識《ちしき》を高めあうことを「あいさつ」といいました。自分の意見をいうときに相手の気《き》持《も》ちを思いやることから、だれかに会ったとき、別《わか》れるときに、「こんにちは」「さようなら」などと親しみの気持ちを伝《つた》える言葉《ことば》を「あいさつ」とよぶようになりました。

あうんのこきゅう〔阿吽の呼吸〕

金剛力士《こんごうりきし》は、「ア」と大きく口を開《あ》けた阿《あ》形像《ぎょうぞう》と、「ウン」と口を閉《と》じている吽形像《うんぎょうぞう》がペアになっているね（95ページ）。

そのように2人で、あるいはチームでプレーをするときに、考え方や気持《きも》ち、行動が相手とピタリと合うことを「阿吽《あうん》の呼吸《こきゅう》」といいます。「おたがいに何も言わなくても、わかる」ということだよ。

ふだん使っている言葉《ことば》には、
仏教がルーツのものが
いっぱいあるよ

あしをあらう〔足を洗う〕

悪《わる》いこととき っぱり縁《えん》を切ることです。

お釈迦《しゃか》さまの時代の修行僧《しゅぎょうそう》たちは、いつもは外で暮《く》らし、ハダシでした。そして雨季《うき》には、信者《しんじゃ》が建《た》ててくれた祇園精舎《ぎおんしょうじゃ》などの修行道場にみんな集まって、お釈迦さまの話を聞いたのです。そこは仏《ほとけ》さまのきよらかな世界《せかい》だから、よごれた足をきれいに洗《あら》ってから、なかに入りました。それがやがて、悪い世界と縁を切るたとえとして使われるようになったんだよ。

ありがとう〔有難う〕

感謝《かんしゃ》の気持《きも》ちを伝《つた》える言葉《ことば》だね。漢字《かんじ》で書くと「有《あ》ることが難《むずか》しい」、つまり、めったにないことだから感謝するというわけです。

この地球《ちきゅう》に何十億人《おくにん》もの人が住んでいるなかでキミが、お父さん、お母さんの子どもとして生まれたのも、仲《なか》のよい友だちとめぐりあえたのも、めったにないありがたいことなんだ。だから、「ありがとう」という言葉を大事にしよう。

仏教では、めぐりあいを
「ご縁《えん》」とよんで
大切にしているよ

おうじょう〔往生〕

仏教では、人は死《し》んだのち、仏《ほとけ》さまの浄土《じょうど》に生まれ変わるとされています。これがもともとの「往生《おうじょう》」の意味ですが、死ななければ浄土に行けないことから、死ぬことそのものを「往生」というようになりました。

また、年をとっても死を考えず欲望《よくぼう》のまま生きている様子《ようす》を「往生際《おうじょうぎわ》が悪《わる》い」といい、「あきらめきれずに悪あがきをする」という意味で、いまは使われているよ。

おおげさ〔大袈裟〕

じっさい以上に大変《たいへん》なことのように見せかけることをいいます。「袈裟《けさ》」とは、お坊《ぼう》さんが肩《かた》にかけている衣《ころも》のこと。儀式《ぎしき》では、お坊さんたちはいつもより大きな袈裟をつけます。それが、人々《ひとびと》にとてもぎょうぎょうしく見えたことが「おおげさ」の言葉《ことば》の由来《ゆらい》です。

お父さん、お母さんに「おおげさ」の意味を聞いてみよう

おだぶつ〔お陀仏〕

人や動物が命をなくすことをいいます。また、失敗《しっぱい》してモノや道具《どうぐ》をこわし、とり返《かえ》しがつかなくなったこともいいます。「お陀仏《だぶつ》」とは、亡《な》くなった人を極楽浄土《ごくらくじょうど》に救《すく》ってくれる阿弥陀仏《あみだぶつ》のことです。似《に》た言葉《ことば》に「お釈迦《しゃか》」があります。モノや道具がこわれたときに「お釈迦になる」というように使います。

おっくう〔億劫〕

「めんどうな様子《ようす》」や「何もやりたくない気持《きも》ち」をいいます。

もともとは「おっこう」と読みました。「劫《こう》」は仏教の時間の単位《たんい》であり、一劫《いっこう》だけでも気の遠くなるような長い時間とされます。阿弥陀仏《あみだぶつ》は五劫《ごこう》の間、修行《しゅぎょう》を重《かさ》ねて仏となったのですから、億劫《おっこう》といったら信《しん》じられないほど長い時間です。「めんどうくさいな」という気持ちになるのもわかりますね。

もとの意味がわかれば、
話すことが
もっと楽しくなるね

がまん〔我慢〕

キミは、「がまんしなさい」とか「がまんがたりない」と言われたことがあるよね。ふつう、がまんするのはいいことだという意味で使われているね。

でも、仏教でいう「我慢《がまん》」は、「自分が、自分が……」と主張《しゅちょう》すること。つまり、わがままをいうことでした。

修行中《しゅぎょうちゅう》のお坊《ぼう》さんたちは「我慢の気持《きも》ちが出てきたぞ！　気をつけよう」と、自分のなまけ心をいましめたのです。そこから、自分の気持ちをおさえることを「がまん」とよぶようになったんだよ。

がんばる〔頑張る〕

「がんばる」には、「一生懸命《いっしょうけんめい》にやりぬく」という前向きなよい意味と、「自分の考えを押《お》し通す」というよくない意味があるよ。

仏教では、よくないほうの意味で使います。もともとは「我《が》を張《は》る」——、「自分の考えを主張《しゅちょう》する」という意味の言葉《ことば》が変化《へんか》したものだからです。

「がまん」や「がんばる」は、
仏教ではよくない意味
だったんだよ

きげん〔機嫌〕

「きげんがいい」「きげんがわるい」とよくいいます。「きげん」を「気分《きぶん》」という言葉《ことば》に置《お》きかえることもできますね。

　でも仏教では意味がちがいます。もともとは「譏嫌」と書いて「他人《たにん》を譏《そし》り嫌《きら》う」という意味でした。「そしる」とは、相手を悪《わる》く言うことです。

「お坊《ぼう》さんは、人から悪く言われるようなことをしてはいけない」という自《みずか》らのいましめの言葉でしたが、他人の気分をうかがい知ろうとすることを「ごきげんをとる」というようになり、「きげん」が気分をあらわす言葉になりました。

くふう〔工夫〕

「くふうする」とは、考えをめぐらせて、よい方法《ほうほう》を見つけることですね。

　禅宗《ぜんしゅう》の修行僧《しゅぎょうそう》たちは、先生から問題《もんだい》が出され、その答えを、坐禅《ざぜん》をしながら一生懸命《いっしょうけんめい》に考えます。そのとき、あれこれと考えをめぐらせることを「くふうする」と言ったのが始まりとされます。

仏教では、人のいやがることをしてはいけないと教えているよ

ごらく〔娯楽〕

映画《えいが》や音楽など、人の心を楽しませるものをいいます。テレビやゲームも娯楽《ごらく》の一つだね。

仏教でいう「娯楽」は、悟《さと》りの楽しさのこと。昔《むかし》インドでは、お釈迦《しゃか》さまの教えを忘《わす》れないようにお経《きょう》に節《ふし》をつけて歌うようにとなえていました。また、お面をつけて舞《ま》う伎楽《ぎがく》にもなりました。そこから、音楽や演劇《えんげき》などを楽しむことを「娯楽」とよぶようになりました。

さべつ〔差別〕

人やモノを分けへだてして上下の差《さ》をつけ、対《たい》応《おう》を変えることをいいます。人種《じんしゅ》の差別《さべつ》、身分《みぶん》の差別、男女の差別など、いろいろあるね。

仏教では「しゃべつ」と読みます。たとえば、男女の区別《くべつ》はあるけれど、仏教では上下の差をつけることはしません。この世《よ》の中《なか》には同じものは何ひとつなく、みんな、それぞれにすばらしい存《そん》在《ざい》だからです。

しゅっせ〔出世〕

もともとは「出世間《しゅっせけん》」。お釈迦《しゃか》さまが、この世《よ》に生まれたことをいいます。

お釈迦さまがこの世《よ》の悩《なや》みや迷《まよ》いからはなれた存在《そんざい》であることを意味し、お坊《ぼう》さんになるための「出家《しゅっけ》」も同じです。そこから、りっぱなお坊さんになって高い地位《ちい》にのぼることを「出世」というようになりました。

出世した人は、お釈迦さまのように人々《ひとびと》のためにつくさなきゃね。

じょうだん〔冗談〕

ふざけて言う言葉《ことば》、遊びで言う言葉。ふざけてすること、いたずらなどもいいますね。

仏教でいう「冗談《じょうだん》」とは、仏教の修《しゅ》行《ぎょう》に関係《かんけい》のないムダ口のこと。とくに禅宗《ぜんしゅう》では、おしゃべりがきびしく禁《きん》じられているよ。

冗談《じょうだん》をいう友だちは楽しいけど、ときどきスベってしまうこともあるね

だいごみ〔醍醐味〕

「本当の楽しさ」や「深《ふか》い味《あじ》わい」のこと。『涅槃経《ねはんぎょう》』にある言葉《ことば》です。もともと「醍醐《だいご》」は、牛の乳《ちち》を濃縮《のうしゅく》させていくうちに最後にできたもの。それは、とても濃《こ》くてあまい味がするといいます。そこから仏教では、お釈迦《しゃか》さまの最上《さいじょう》の教えをたたえる意味で使われます。

つうたつ〔通達〕

仏教では「つうだつ」と読み、「ものごとを知りつくしていること」「よく理《り》解《かい》していること」をいいます。

いまは、「知らせの文書」や「通知《つうち》すること」「伝達《でんたつ》すること」をいいます。仏教の意味とずいぶんちがいますが、「通知した内容《ないよう》をよく理解するように」という意味をふくんでいるのでしょう。

醍醐《だいご》は、
古代インドの言葉《ことば》で「サルピス」。
キミたちの大好《だいす》きな飲み物
「カルピス」の語源《ごげん》なんだって！

ないしょ〔内緒・内証〕

「秘密《ひみつ》」のことだね。

仏教では「内証《ないしょう》」といいます。「証」は「悟《さと》り」の意味です。お坊《ぼう》さんは自分が悟ったことを、得意《とくい》がって見せびらかしてはならないということから、「秘密」を意味する言葉《ことば》になり、それが、いつしか「内緒」と書かれるようになりました。

ひどい〔非道い〕

「ざんこくなこと」「なみはずれてはげしいこと」をいいますね。

仏教では、悟《さと》りを求《もと》めて修行《しゅぎょう》することを「仏道《ぶつどう》」といいます。その道からはずれることが「非道《ひどう》」。そこから、「よくないおこないをすること」「とても悪《わる》いこと」を「ひどい」というようになりました。これがやがて、「ひどい寒さ」「ひどい点数」「ひどく痛《いた》む」など、いまの意味で使われるようになったようです。

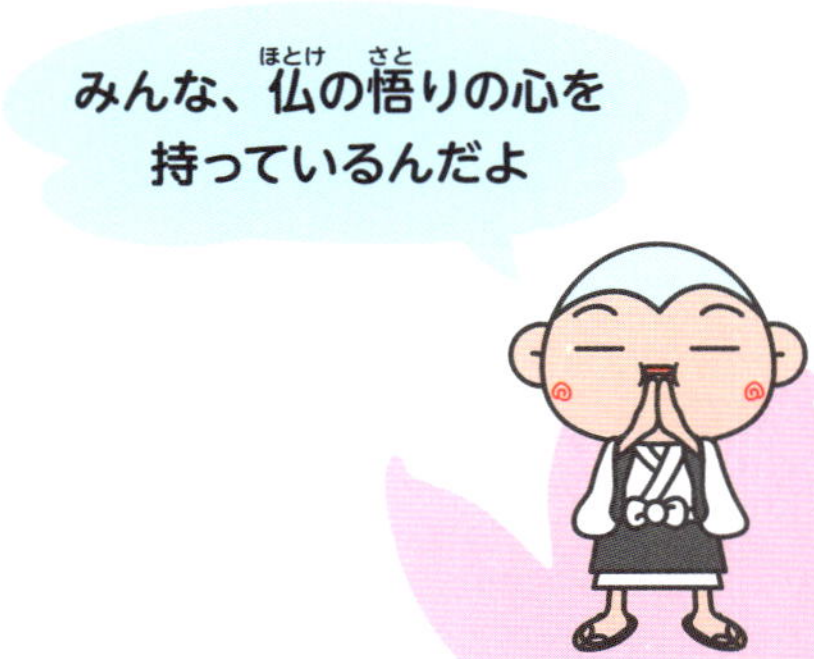

山折哲雄（やまおり・てつお）

宗教学者、評論家。1931（昭和6）年、サンフランシスコ生まれ。1954年、東北大学インド哲学科卒業。国際日本文化研究センター名誉教授（元所長）、国立歴史民俗博物館名誉教授、総合研究大学院大学名誉教授。『世界宗教大事典』（平凡社）、『仏教とは何か』（中公新書）、『「ひとり」の哲学』（新潮選書）、『私が死について語るなら』『ひとりの覚悟』（以上、ポプラ新書）など著書多数。

キャラ絵で学ぶ！ **仏教図鑑**

2019年 8月17日　第 1 刷発行
2025年 4月 6日　第11刷発行

監修：**山折哲雄**
絵：**いとうみつる**
文：**小松事務所**

発行者：**徳留慶太郎**
発行所：株式会社 **すばる舎**
〒170-0013 東京都豊島区東池袋3-9-7 東池袋織本ビル
TEL. 03-3981-8651（代表）／03-3981-0767（営業部）
振替　00140-7-116563
URL　https://www.subarusya.jp/

出版プロデュース：中野健彦（ブックリンケージ）
編集協力：小松卓郎／小松幸枝
アートディレクション：澤村桃華（プリ・テック）
デザインDTP：秋山京子
校正：川平いつ子
編集担当：菅沼真弘（すばる舎）

印刷・製本：シナノパブリッシングプレス

落丁・乱丁本はお取り替えいたします

ISBN978-4-7991-0839-0